動画つきでいちばんよくわかる

切らずにできる作り帯教室

和らく会

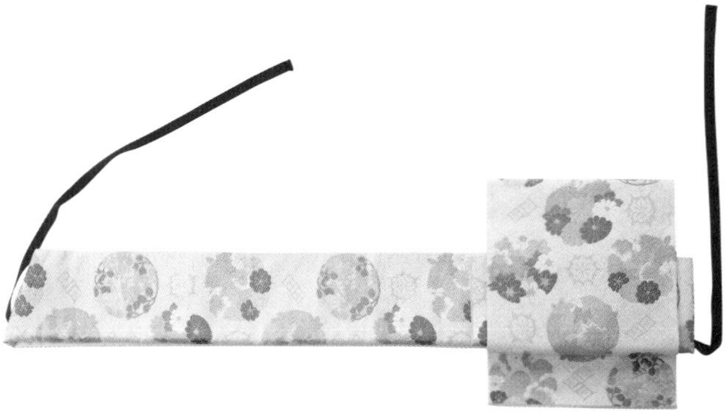

河出書房新社

はじめに

レッスン動画 ＋ 作り方ページ ＝ よくわかる

切らずにできる和らく会のかんたん作り帯レッスン本です。

本書は、私たち和らく会が長年、カルチャースクールなどでご好評をいただいてきた「帯を切らないかんたん作り帯講座」を、レッスン動画+作り方ページで完全再現したものです。

お教室で教える基本の作り帯はもちろん、和らく会オリジナルの飾り結びの作り方や帯の装着にも、よくわかるQR動画をつけました。
本書の作り方ページをテキストに。動画を和らく会講師の代わりに。
本書と動画で同時に学べて、初めて作る方にも、お教室の復習をしたい方にも役立ちます。

着物は着たいけれど帯結びがネックという方から、お年を召されて背中に手が回らくなった方まで、作り帯があれば帯結びから解放されて、簡単に手早く着物を着ることができます。

さあ、愛着ある帯で、お気に入りの作り帯を作ってみましょう!

和らく会

もくじ

本書の使い方

作り方がよくわかるレッスン動画つきです！
スマートフォンやタブレットで読み取って
レッスン動画へ、ジャンプ

- 作品の作り方を、和らく会講師が実演している QR 動画でも見ることができます。視聴の際は本書の作り方ページをテキストとしてご利用ください。
- 同じ種類の帯ならば長さや素材に関係なく、すべて同じ手順で作ることができます。

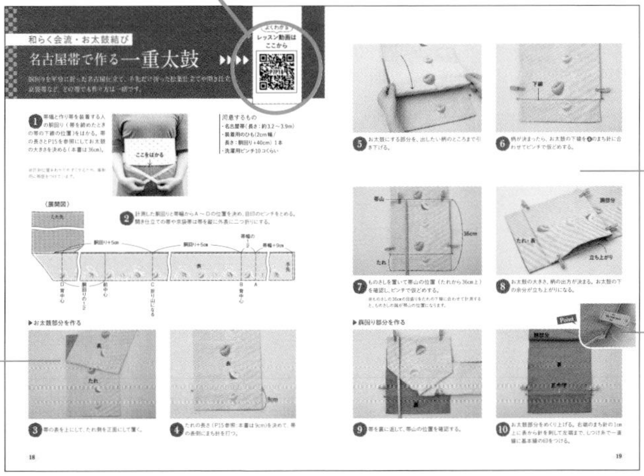

スペースにメモを書き込めます

ポイントをアップで紹介

動画で作業の全工程が見れます

着付けのカベは帯結び……という皆さん

和らく会の作り帯なら帯結びは不要です！

ああ、大変！

背中に手が回らない！

和らく会の作り帯はベルトのように巻いて、ひもで結ぶだけ。帯は結びません！
長すぎたり短すぎたりする帯も、柄出しが難しい帯も、作り帯にすれば帯を結ぶことなく、美しい帯姿が完成です。

和らく会流
お太鼓結び
完成形

たたんで

縫いとめて

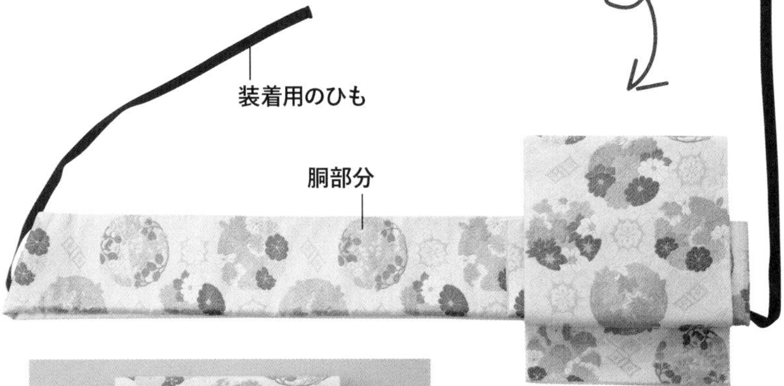

装着用のひも

胴部分

完成

お太鼓の大きさや胴の長さはマイサイズ。
旅行にもこのまま持っていけます。

1
背中にピタッと当てます

2
胴部分を巻いていきます

3
帯を左右に引き締めます

慣れたら
装着3分！

4
ひもを正面で結んで終了！

法事

結婚式

お茶会

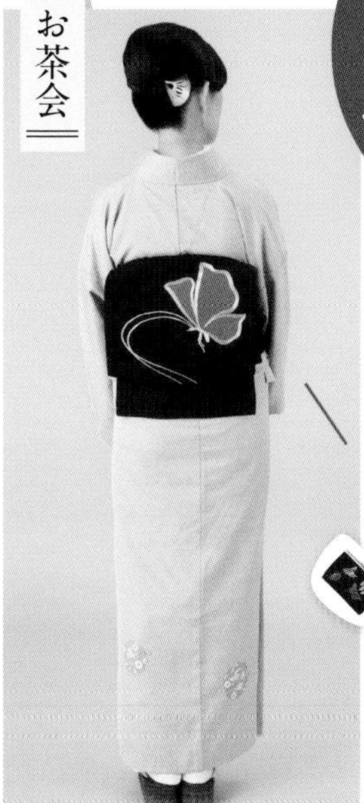

冠婚葬祭も
お茶会も
お任せあれ！

どんなに
動いても大丈夫！

名古屋帯

一重太鼓 *itizyudaiko*

“染め”と“織り”がある名古屋帯はお太鼓結びが一番人気。
紬や小紋、色無地など着物と帯の組み合わせによって、幅広いシーンで活躍します。

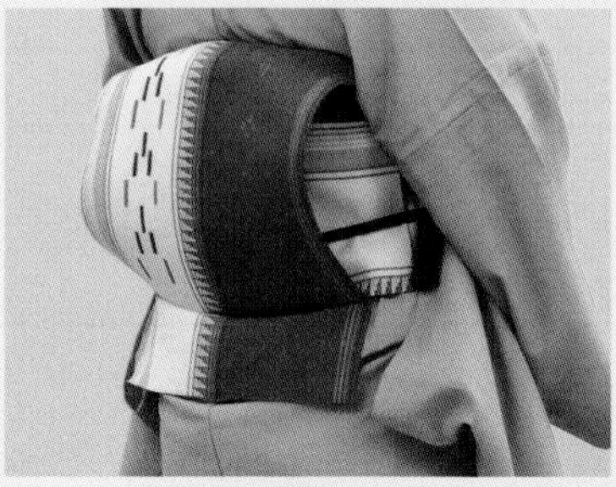

左：からし色の紬に個性的な博多帯を組み合わせて。 上：お太鼓の中ももたつかずすっきり。「夏に向かう季節のお気に入りです」（和らく会講師／西川伸子）

右：綴れの帯はお太鼓が大きめなセミフォーマル仕様。 左：前帯の柄は左に寄せました。「染めの着物に織りの帯、迷ったときはこれです」（同／新堂富士子）

草履の巻きと台も白×黒にしてトータル・コーディネート。

市松模様の本綴れ帯をすっきりと。「お太鼓の下線と柄の直線をばっちり合わせました」（同／水野妙子）

黒喪帯こそ作り帯で。「ご不幸は急に訪れます。用意しておくと安心です」（同／森静子）

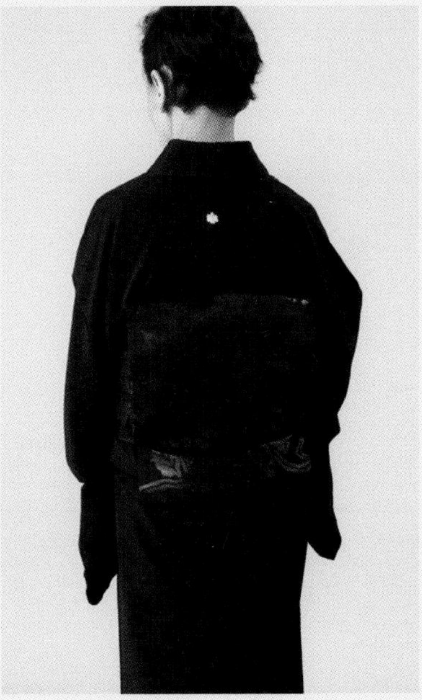

慣れたら装着は3分。一日中、着物の日でも和らく会の作り帯は着崩れしません。

縞柄の博多献上はお太鼓が映えます。「帯地に張りがあるのできれいなお太鼓が作れます」（同／井ノ本悦子）

涼しげな麻の帯に紗の着物で。「麻は縫いやすいのでおすすめです」（同／北村恭子）

よくわかる

一重太鼓のレッスン動画

P7P18

作り方▶18ページ

袋帯　二重太鼓　*nizyudaiko*

華やかなフォーマル帯や軽めの訪問着、小紋に合うしゃれ袋帯は
長さがあるので手結びは大変。作り帯にして、どんどん楽しみましょう。

帯を切らない、結ばない作り帯だから
着付けで帯をいためません。
大切な帯を安心して使い続けられます。

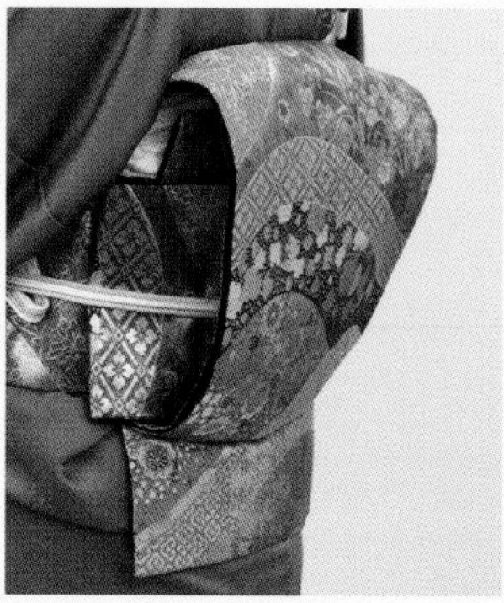

左：晴れの日にふさわしい華やかな織りの袋帯。
上：たれとお太鼓の柄合わせも完璧。「出番は年に何度もありませんが、崩れず保管できるので安心です」（和らく会講師／桑山奈津子）

「全通柄の辻が花ですが、お花の微妙な出方にこだわりました。おわかりになるかしら（笑）」（同／新堂富士子）

紬の訪問着に紗のしゃれ袋帯で涼しげに。「暑い夏の着付けでも作り帯なら汗もかきませんよ」（同／桑山奈津子）

P8下と同じ着物に市松柄の織りの帯で軽やかに。「お太鼓とたれの柄合わせもラクにできます」（同／新堂富士子）

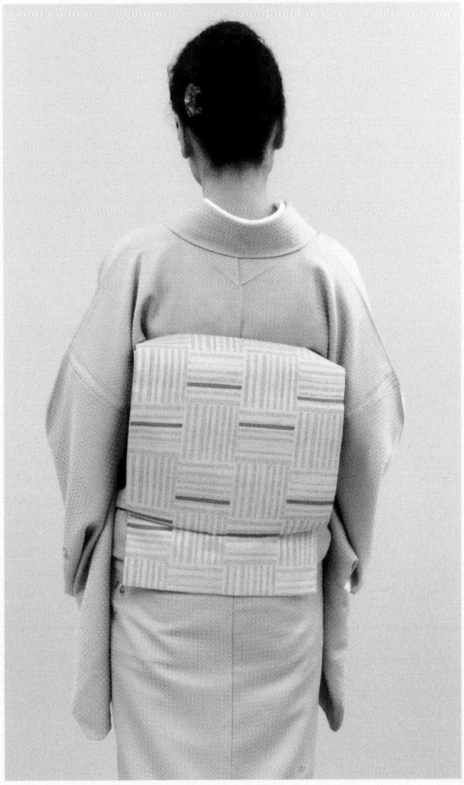

縦横の柄の出方も自分好みに調整できます。

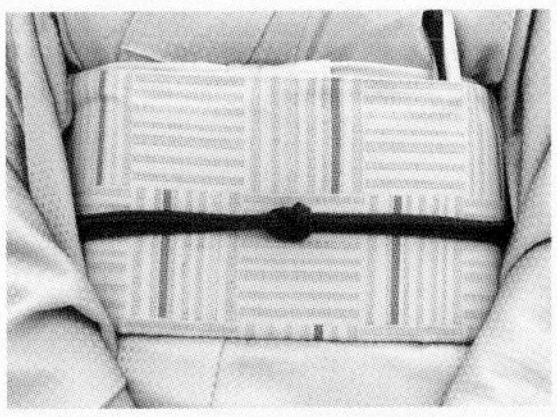

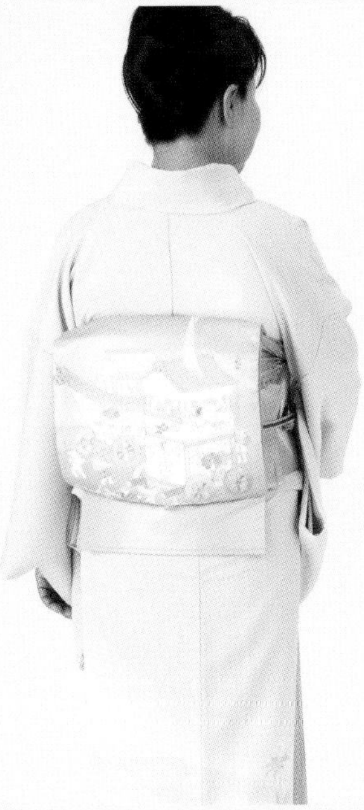

上：前帯の柄と位置はお太鼓に続くイメージで。 右：鉾（ほこ)柄のフォーマル帯は柄の出し方も堂々と。「マイサイズの作り帯なので着ていても疲れません」（同／石橋しのぶ）

よくわかる

二重太鼓のレッスン動画

作り方▶28ページ

袋帯

角出し *tunodasi*

大人の粋な帯結びといえば、この角出し。お太鼓のふくらみや角度によって、帯姿の雰囲気が変わります。カジュアルなふだん着の着物にどうぞ。

お太鼓結びより長めのたれでお尻をカバーできます！

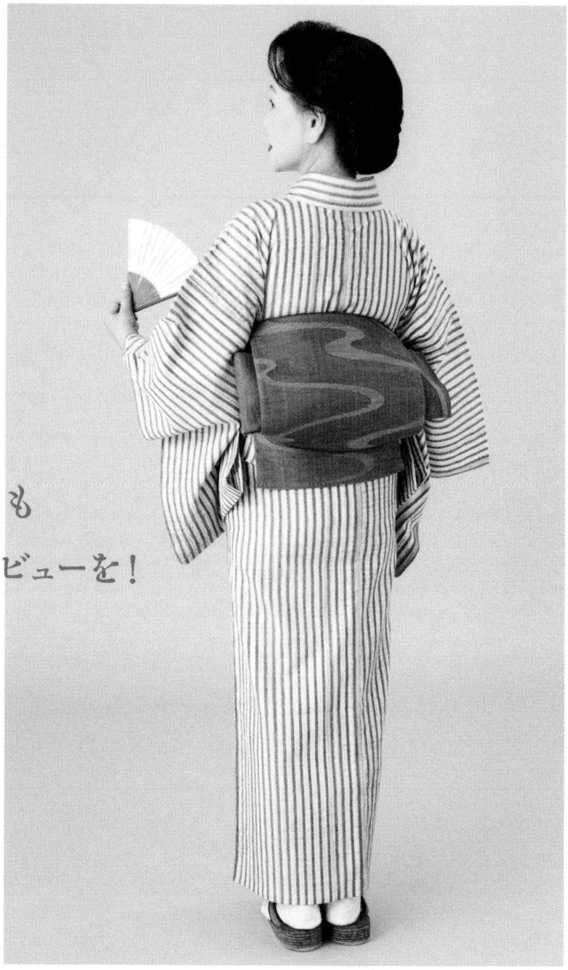

浴衣感覚で着たい十日町紬に羅の帯。夏着物には角出しで粋に着こなしてください」（和らく会講師／桑山奈津子）

袋帯で作る角出しはお太鼓結びよりもさらに簡単です。作り帯で角出しデビューを！

大胆な切りばめ模様をボリューム感のある角出しに。「帯に派手ナシ。帯は遊びましょう」（同／谷藤純子）

たれの長さはお好みで。
自分好みの角出しで、
着物を粋にワンピース感覚で
着こなしましょう。

絞りの入った染め帯は柄がないので角出し向き。「装着も簡単。お太鼓の角度は自由自在ですよ!」（同／北口栄子）

紬に角出しは粋の王道。「お太鼓に丸みを出して古風な雰囲気にしました」（同／足立都子）

柿渋染めの西陣織の帯を白の帯締めで引き締めます。「背中の空きを計算してお太鼓は少し大きめです」（同／北野洋子）

よくわかる
角出しの
レッスン動画

作り方▶42ページ

半幅帯
名古屋帯
袋帯

オリジナル飾り結び original

定番のお太鼓結びをアレンジした帯結びや、ティーンからミセスまで楽しめる半幅帯のリボン結びです。遊び心で着こなしてください。

袋帯

羽根出し結び

hanedashimusubi

**飾り結びで個性的な着こなしを。
そのままタンスに
収納しても形は崩れません。**

「お太鼓の羽根の出し方で
粋にも可愛くもなりますよ!」
（和らく会講師／谷田博子）

（よくわかる）
**羽根出し結びの
レッスン動画**

P12P37

作り方▶37ページ

名古屋帯

和らく太鼓

warakudaiko

大島紬を服地の帯でポップに。「裏地の出方を計算しながらお太鼓の形を作りました」（同／杉山孝子）

小袋帯で作った羽根を小ぶりにした大人のリボン結び。帯締めできりっと。たれの長さも自由自在です。

よくわかる
和らく結びのレッスン動画

作り方▶54ページ

半幅帯

和らく結び

warakumusubi

ティーンはリボンを大きくして可憐に。着物を着せてもらったら帯は自分でつけられます。

ポリエステルのふわふわした半幅帯も着崩れしません。浴衣なので帯締めをせずにお太鼓はひらりと垂らして。

用具から作り方のコツまで

和らく会流・作り帯の基本

帯をたたんで縫いとめるだけなので、特別な用具や裁縫の技術は必要ありません。
ご家庭にあるもので、初めての方でもきれいに作れます。

帯選び

出番の多い帯から柄出しが難しい帯、結びじわをつけたくない大切な帯まで、帯の長さや素材、種類はどんなものでもOK。初めて作るときは針が刺しやすいやわらかめの帯地が作りやすいです。

基本の用具

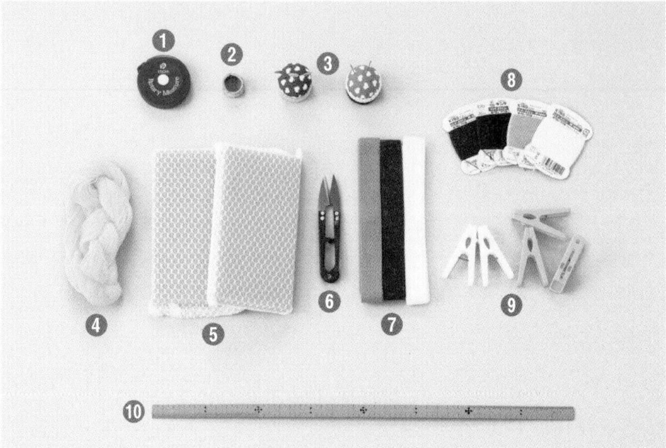

❶メジャー 胴回りを測る ❷指ぬき ❸ぬい針とまち針 ❹しつけ糸 ❺食器用スポンジ 2コ。角出し用 ❻糸きりばさみ ❼装着用のひも 2cm幅×胴回り＋40cmの長さ。余り布や手芸用のアクリルテープなど ❽ぬい糸 ボタンつけ糸が丈夫でおすすめ ❾洗濯ピンチ 10コ以上 ❿ものさし 帯の幅や長さを測る。40cmのものが使いやすい

あると便利！

革用の三角針

針先が三角にとがっているので、かたい帯地でもスムーズに針を刺すことができます。

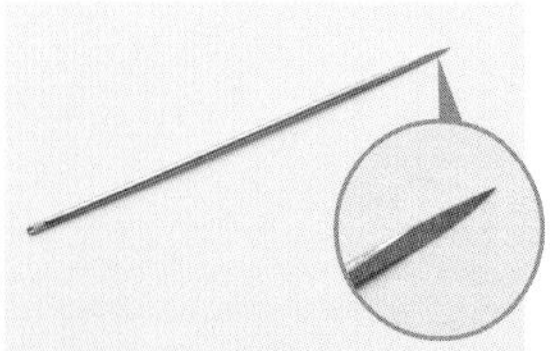

スレダー（糸通し器）

簡単に針穴に糸を通せます。

飾りつきヘアゴム

ヘアゴムに留め具用のボタンを通したもの。和らく会講師たちは装着時に愛用しています。

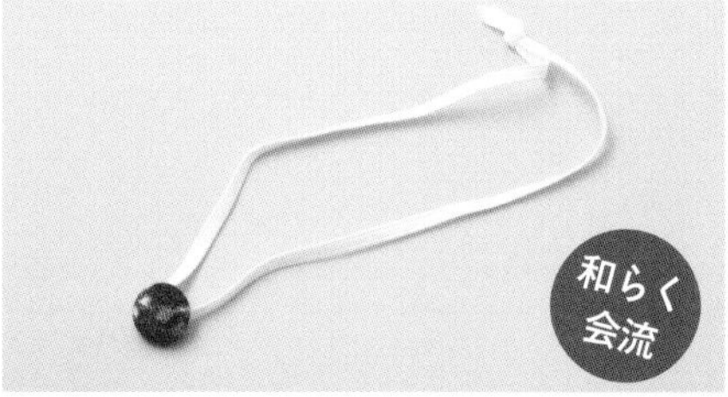

使い方

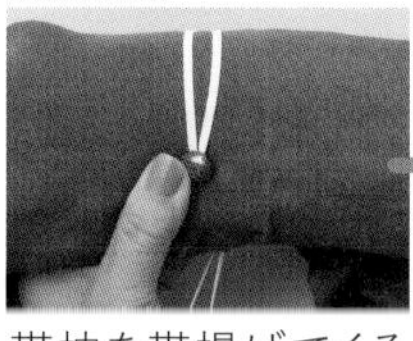

帯枕を帯揚げでくるんだらゴムを巻く。

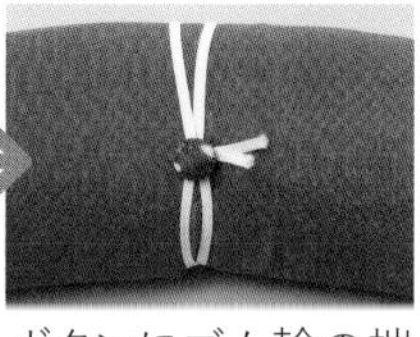

ボタンにゴム輪の端をひっかける。

手芸用ラジオペンチ

帯地がかたくて針が刺しにくいときに楽に作業できます。

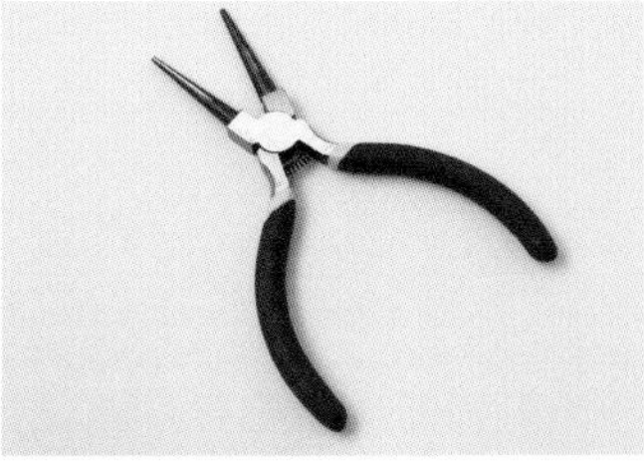

使い方

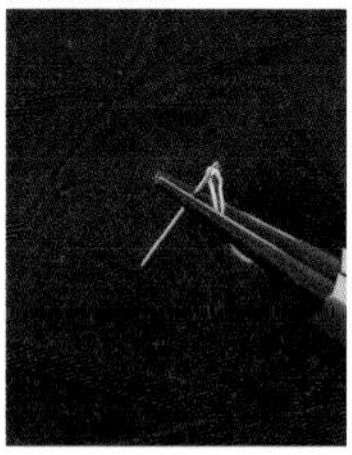

ラジオペンチで針の頭部をはさんで、刺したり引き抜いたりします。

作り帯の基本サイズ

一重太鼓

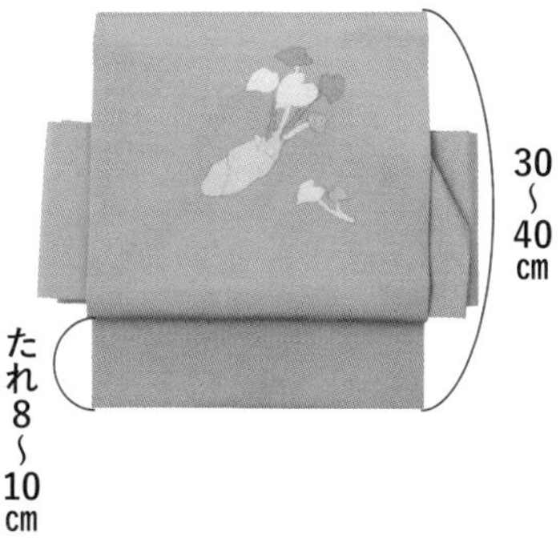

二重太鼓

角出し

羽根出し結び

和らく太鼓

和らく結び

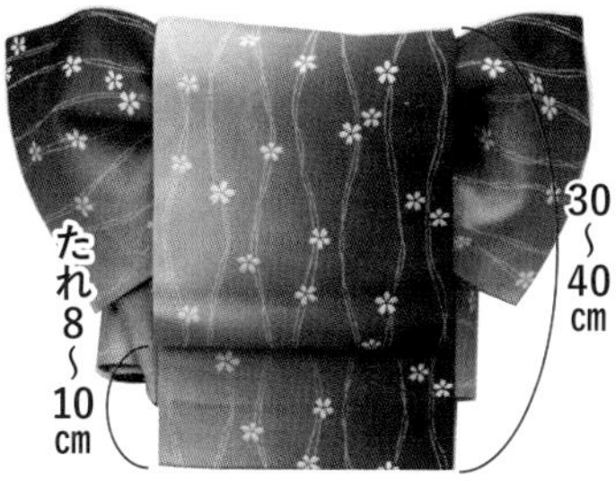

ピンチの使い方

目印用と仮どめ用に使います。仮どめは帯を折りたたんだり重ねたりしたとき、ずれないようにするためです。使用する帯地のかたさや厚みによって不要な場合もありますので、作り方ページの通りでなくてもかまいません。

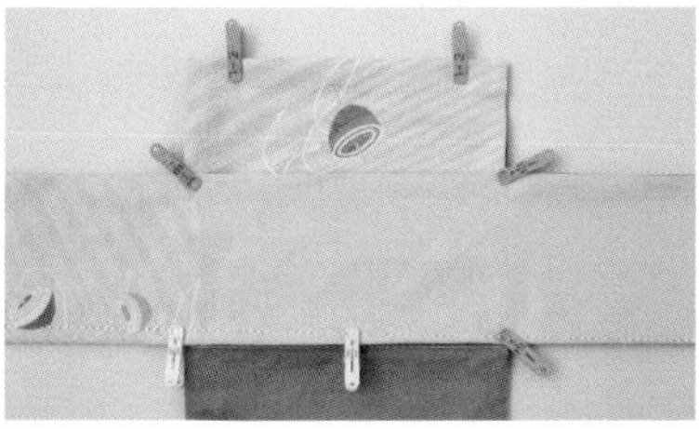

目印&仮どめ
ピンクのピンチが仮どめ用、黄緑のピンチが目印用。

仮どめ
左下のピンチは重ねた帯のずれないようにするため。

収納

作り帯はコンパクトにたためますので、重ねて収納できます。場所も取らず、自然な重みで帯のしわも取れます。

本書で使う縫い方

※わかりやすいように糸は2本どりにしています。

重ねたり折りたたんだりした部分がずれないように、1ヵ所でしっかり縫いとめることができます。

【飾り十字どめ】3cm幅の縫い目の場合

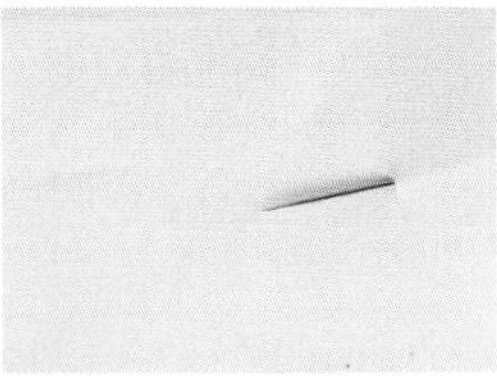

1 布の裏から針を刺して表に出す。

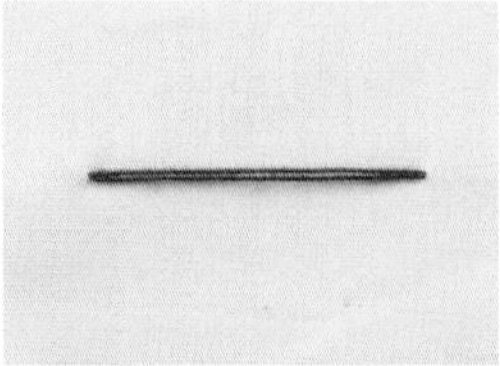

2 3cm左に針を刺す。

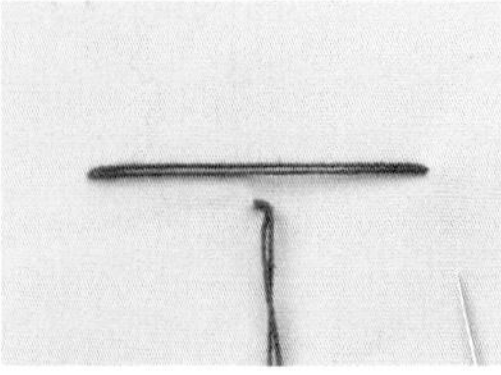

3 縫い目の中心の5mm下に針を出す。

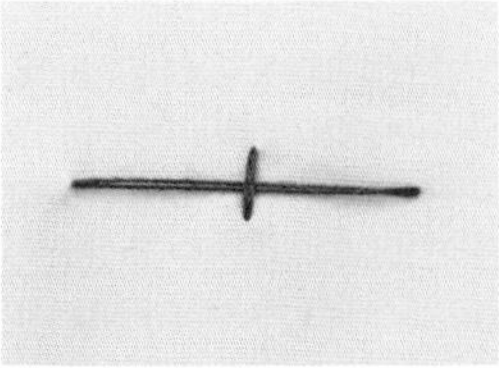

4 縫い目から5mm上に十字に針を入れる。

【十字どめ】1cm幅の縫い目の場合

1 布の裏から針を刺して表に出す。

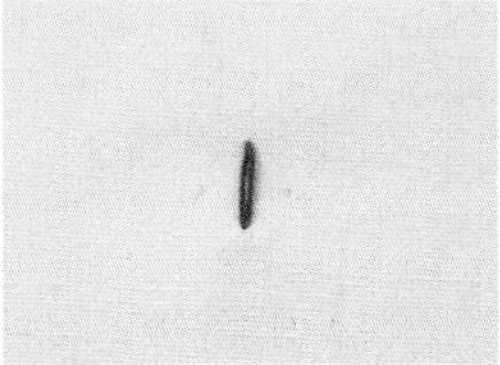

2 1cm真上に針を刺す。

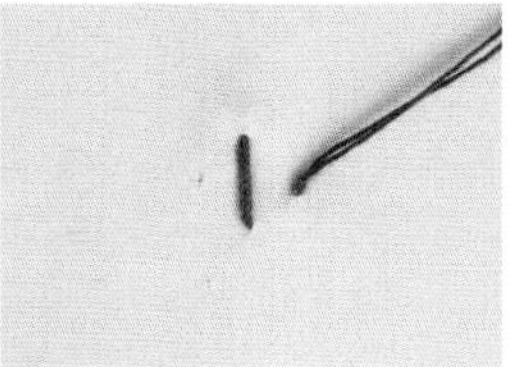

3 縫い目の中心の5mm右に針を出す。

4 縫い目から5mm左に十字に針を刺す。

【巻きかがり】本書では手先の仕上げに使います。

1 布の内側から針を刺して表に出す。

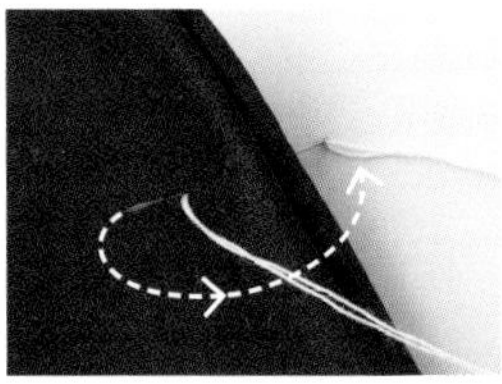

2 布端を巻くように裏から針を刺して、❶の位置に出す。

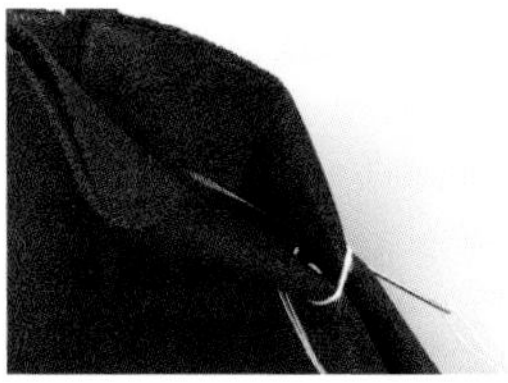

3 ❷と同様に裏から針を刺し、内側に出す。

4 糸を引き締めて内側で玉結びする。

▶使用例

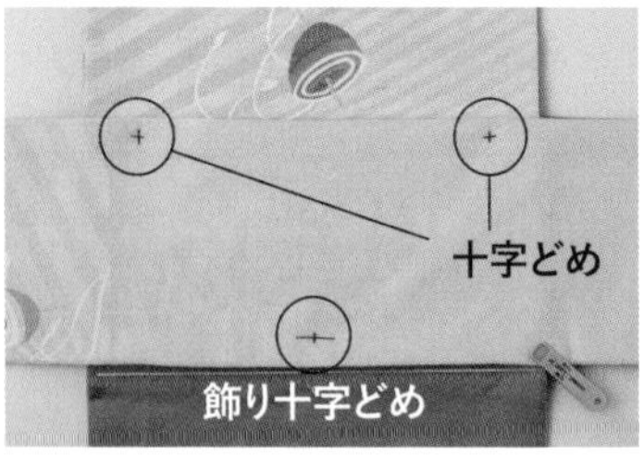

一重太鼓P21プロセス⓴

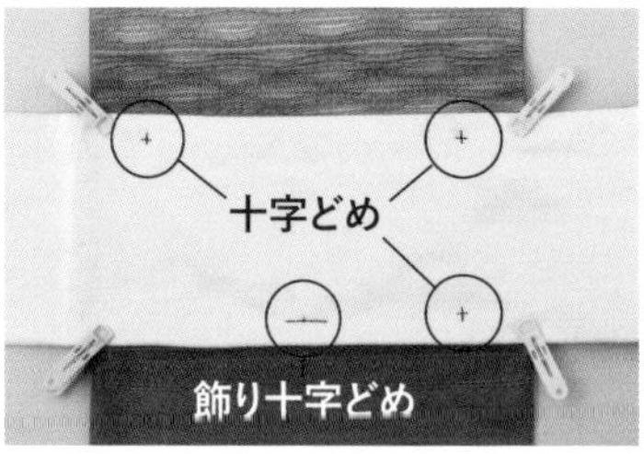

角出しP44プロセス⓮

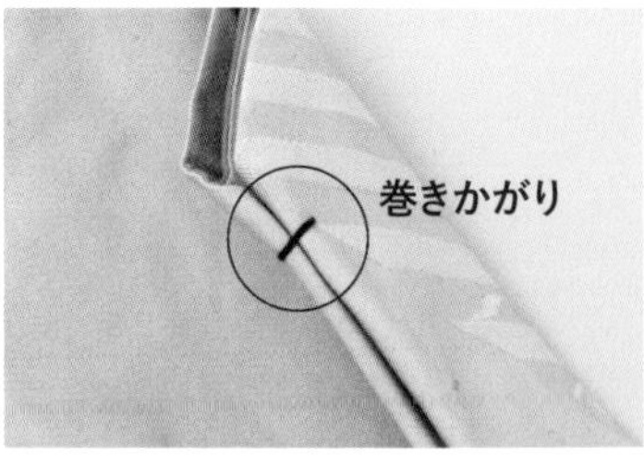

一重太鼓P25㊵

装着用のひものつけ方

帯下で結ぶひものつけ方になります。全作品共通です。

【ひも1】

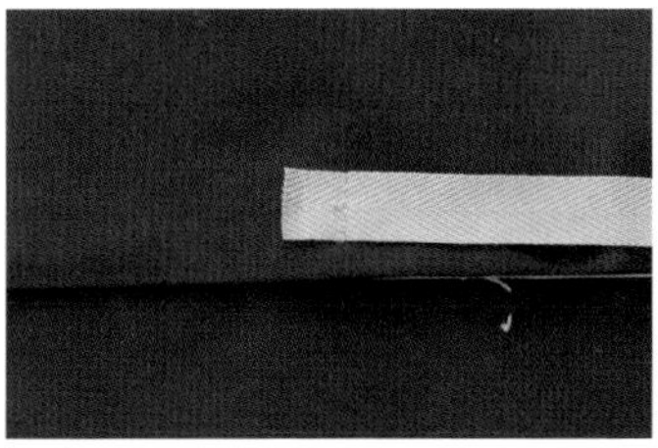

1 ひもと胴を4目ほどで縫いとめる。

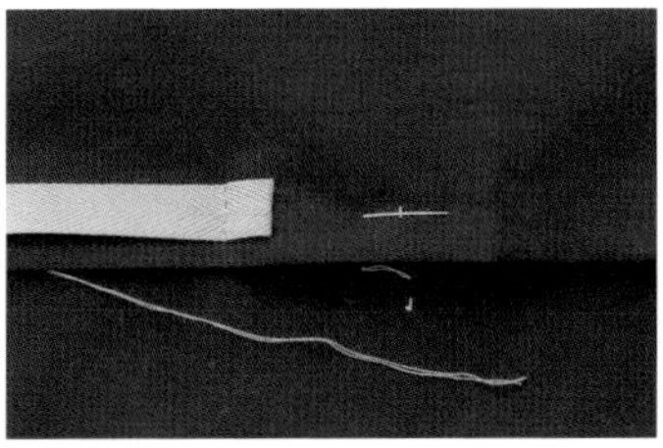

2 ひもを折り返し、ひもと胴、たれを4目ほどで縫いとめる。

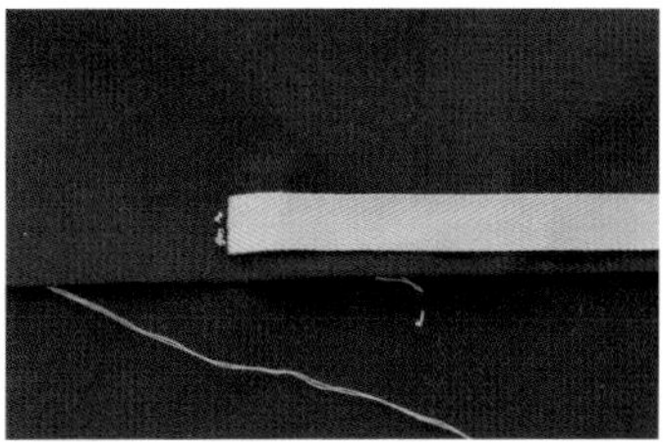

3 ひもを折り返し、胴から立ち上がりまで1目で縫いとめる。

【ひも2】

1 ひもと胴の上1枚を4目ほどで縫いとめる。

2 ひもを右側に折り返し、ひもと胴2枚を4目ほどで縫いとめる。

3 ひも端を三つ折りぐけする。

針の刺し方

胴回り部分など、数枚を重ねて縫いとめるときに便利な刺し方です。

▶使用例

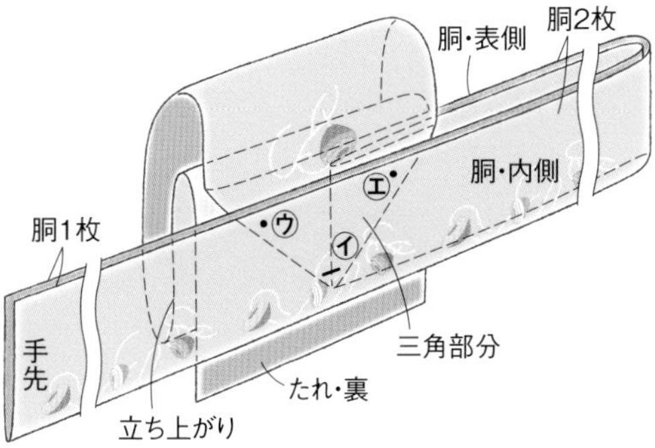

一重太鼓の場合。㋑〜㋓は胴と三角部分を重ねて縫いとめます。

【上から刺す場合】

針を垂直に刺す。

右手で針を固定し、左手で1枚ずつ帯を引き上げて針先を通す。

【下から刺す場合】

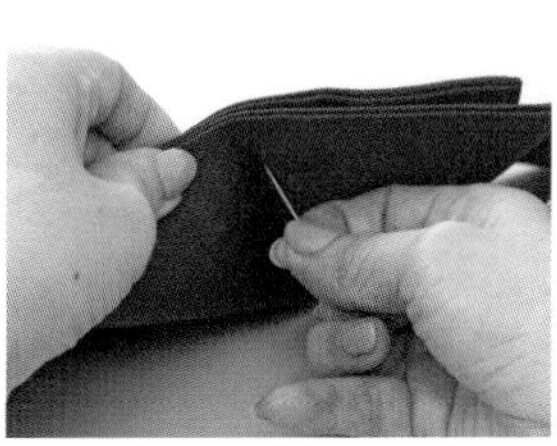

左手で帯を持ち、針を垂直に刺す。

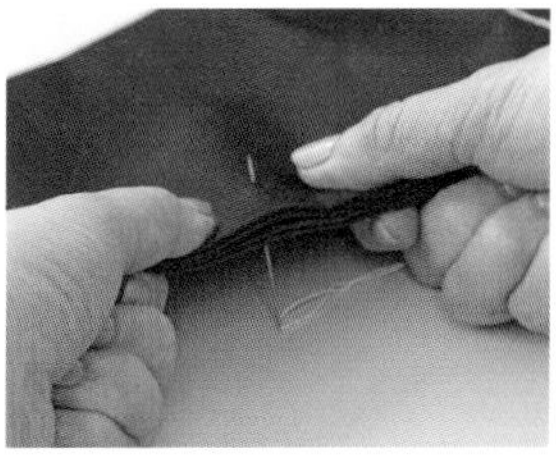

上まで針先を通し、両手で帯を押し下げる。

和らく会流・お太鼓結び

名古屋帯で作る一重太鼓

胴回りを半分に折った名古屋仕立て、手先だけ折った松葉仕立てや開き仕立て、京袋帯など、どの帯でも作り方は一緒です。

（よくわかる）
レッスン動画はここから

1 帯幅と作り帯を装着する人の胴回り（帯を締めたときの帯の下線の位置）をはかる。帯の長さとP15を参照にしてお太鼓の大きさを決める（本書は36cm）。

※計測位置をわかりやすくするため、撮影用に帯板をつけています。

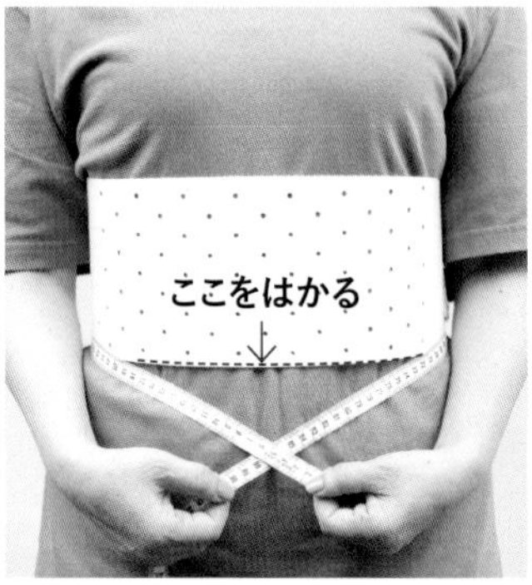

用意するもの
- 名古屋帯（長さ：約3.2～3.9m）
- 装着用のひも（2cm幅／長さ：胴回り＋40cm）1本
- 洗濯用ピンチ10コくらい

〈展開図〉

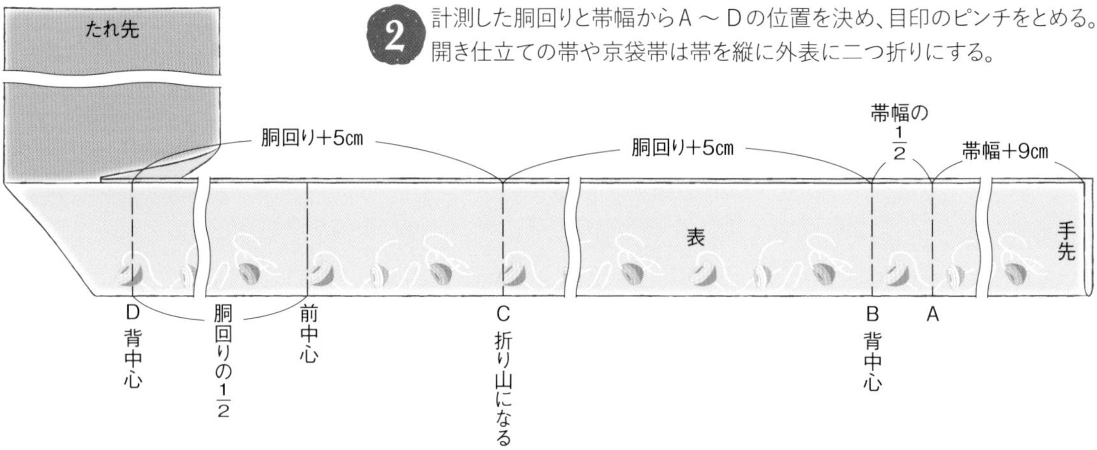

2 計測した胴回りと帯幅からA～Dの位置を決め、目印のピンチをとめる。開き仕立ての帯や京袋帯は帯を縦に外表に二つ折りにする。

▶お太鼓部分を作る

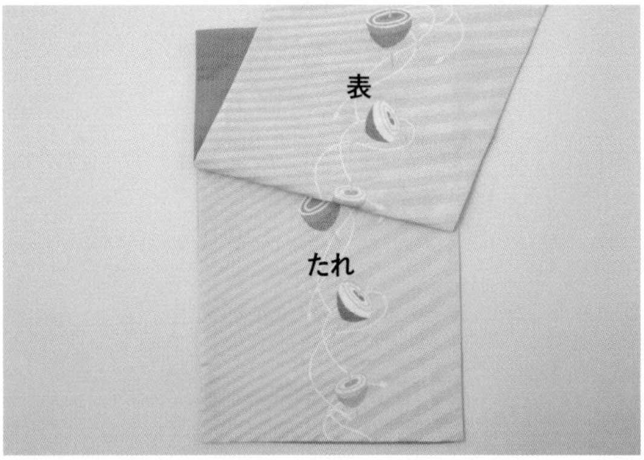

3 帯の表を上にして、たれ側を正面にして置く。

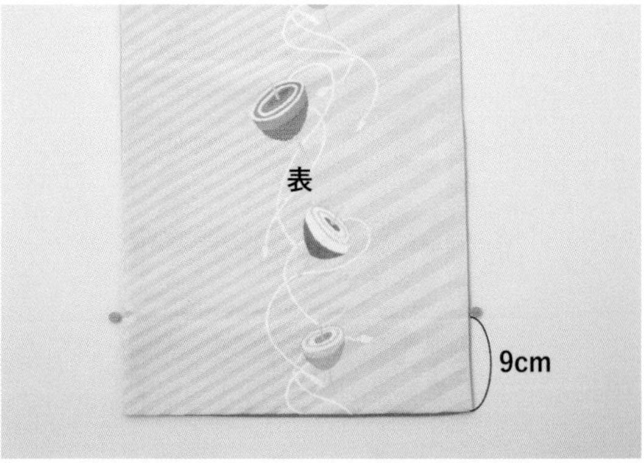

4 たれの長さ（P15参照：本書は9cm）を決めて、帯の表側にまち針を打つ。

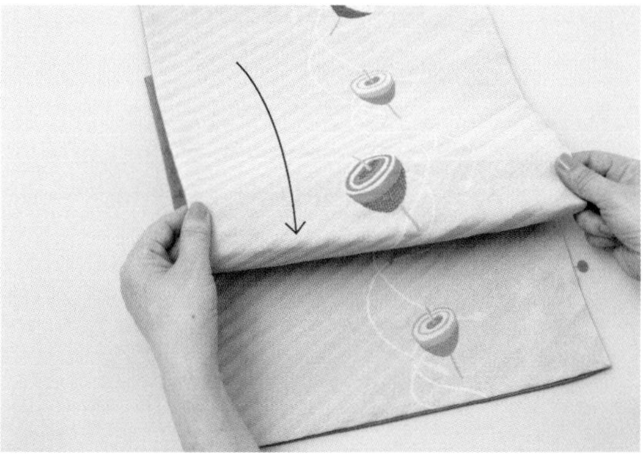

5 お太鼓にする部分を、出したい柄のところまで引き下げる。

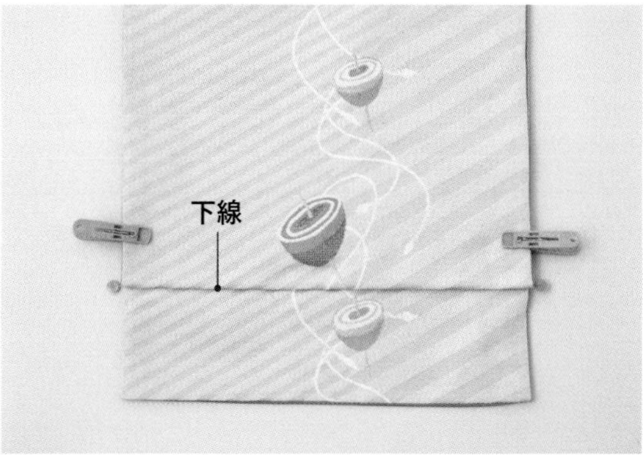

6 柄が決まったら、お太鼓の下線を❹のまち針に合わせてピンチで仮どめする。

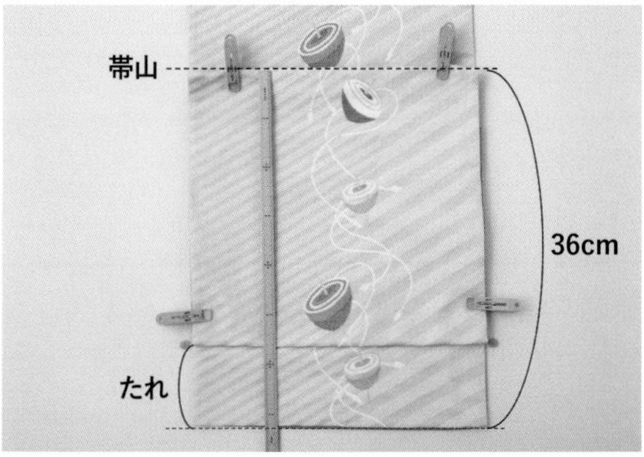

7 ものさしを置いて帯山の位置（たれから36㎝上）を確認し、ピンチで仮どめする。

※ものさしの36㎝の目盛りをたれの下線に合わせて計測すると、ものさしの端が帯山の位置になります。

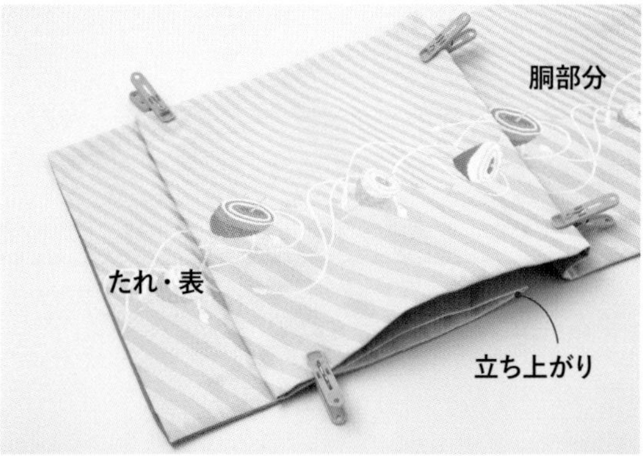

8 お太鼓の大きさ、柄の出方が決まる。お太鼓の下の余分が立ち上がりになる。

▶胴回り部分を作る

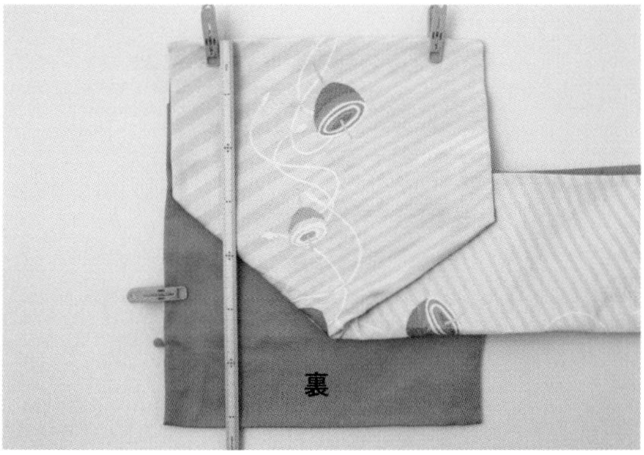

9 帯を裏に返して、帯山の位置を確認する。

Point

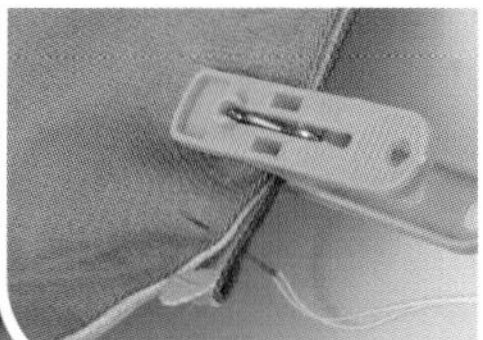

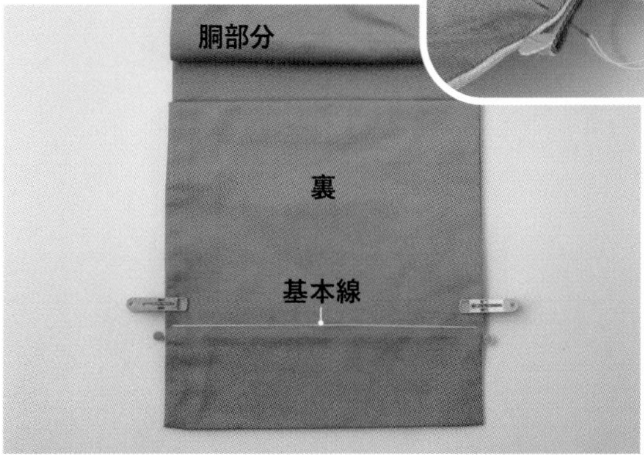

10 お太鼓部分をめくり上げる。右端のまち針の1㎝上に表から針を刺して左端まで、しつけ糸で一直線に基本線の印をつける。

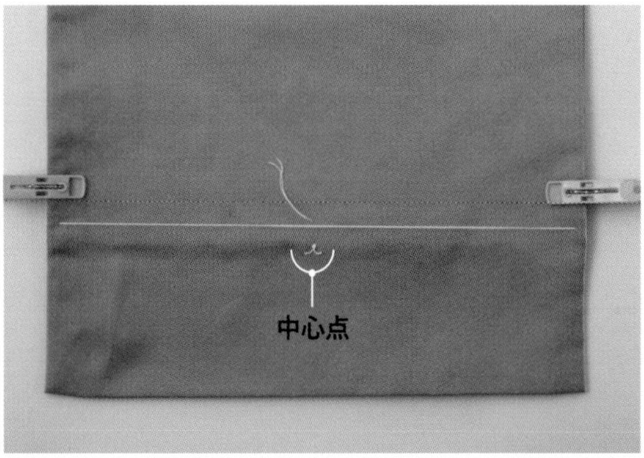

11 基本線の中心に玉どめで中心点の印をつけて、まち針をはずす。

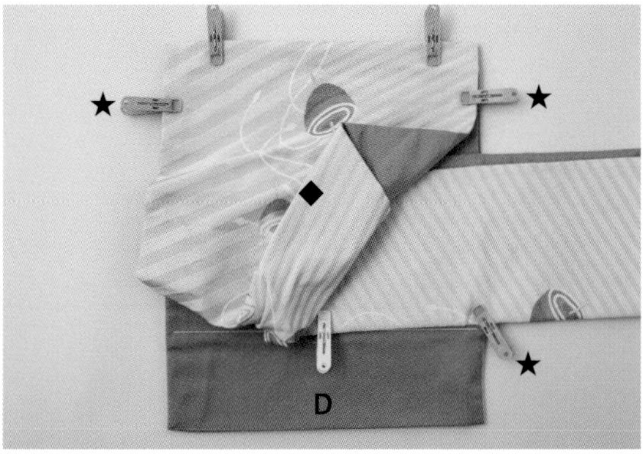

12 胴部分を基本線まで引き下げて中心点にP18展開図のDを重ね、⓫の左右の仮どめのピンチをはずし、★3ヵ所をピンチで仮どめする。

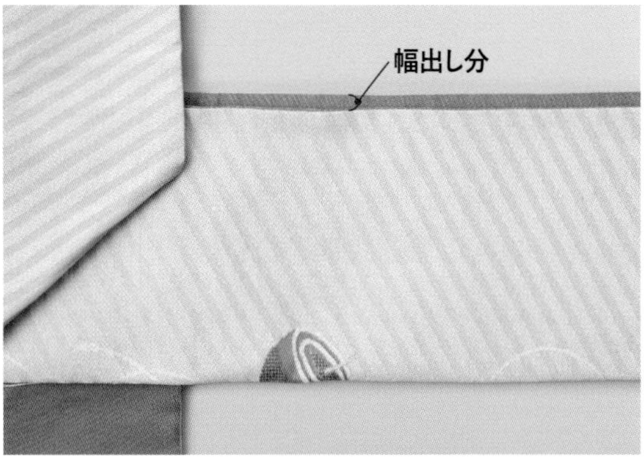

13 開き仕立ての帯や京袋帯の帯幅を広めにしたい場合は、帯をずらして折り直す。

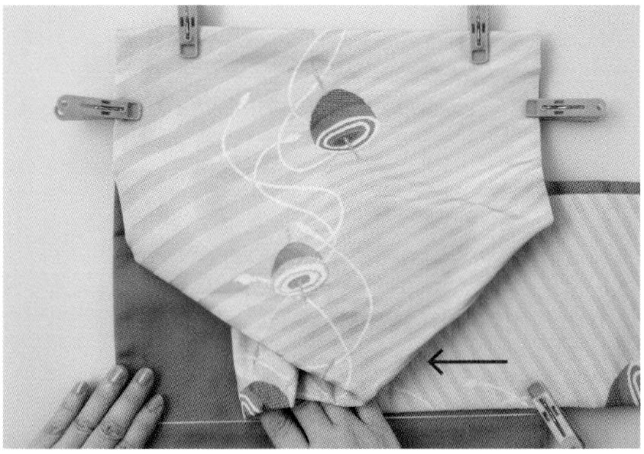

14 三角部分のたるみを左側に押し込む。

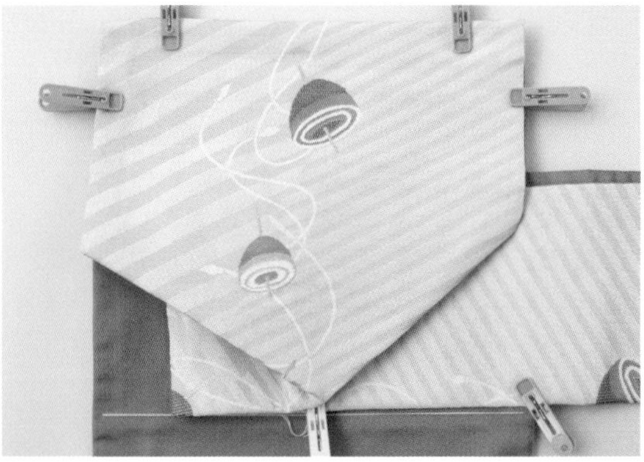

15 たるみが押し込まれたところ。

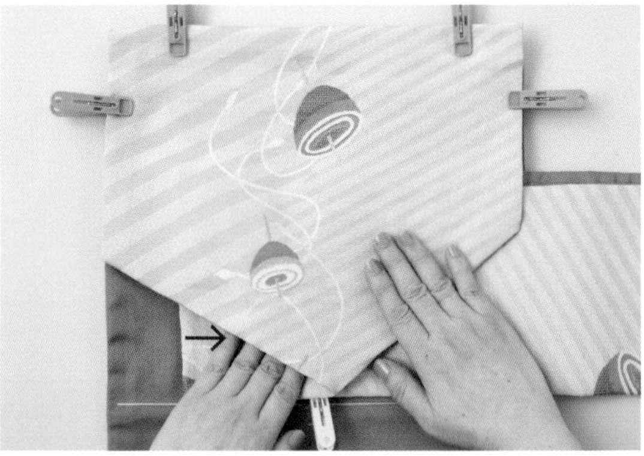

16 ⓯でできたたるみを右側に押し込む。

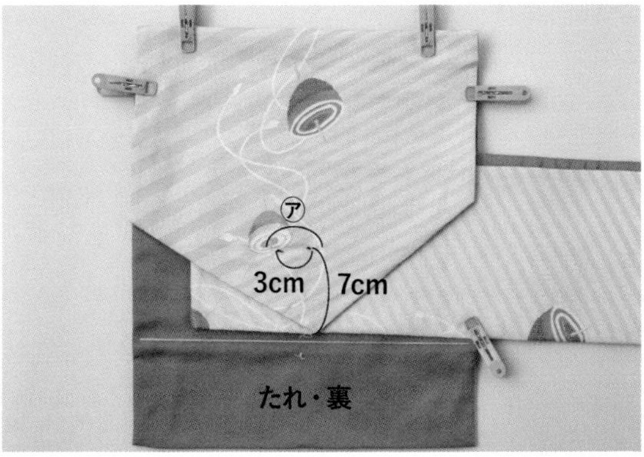

17 中心点から7cm上の㋐を3cm幅の縫い目で、立ち上がりまで縫いとめて、ピンチDをはずす。

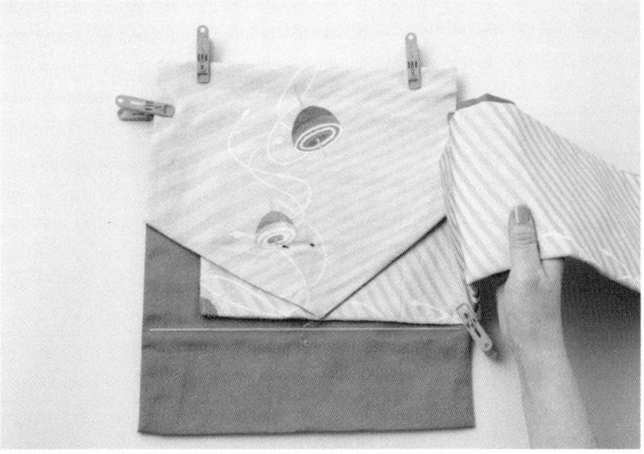

18 胴部分を左側に折り返す。

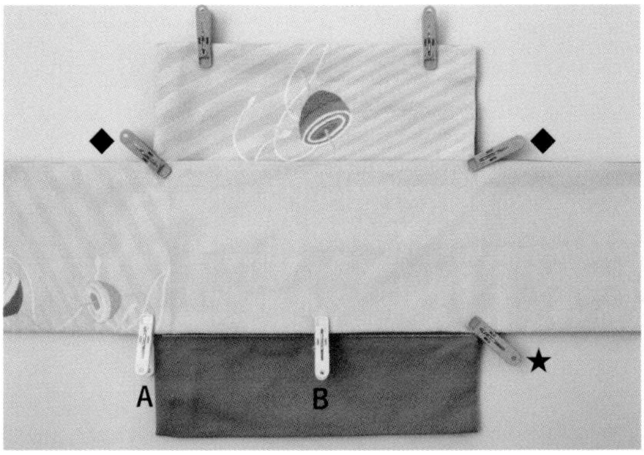

19 中心点にP18展開図B、帯の左端にAを重ねる。帯山以外の仮どめのピンチを一旦はずし、◆2ヵ所は胴部分とお太鼓1枚、★は胴とお太鼓部分をとめ直す。

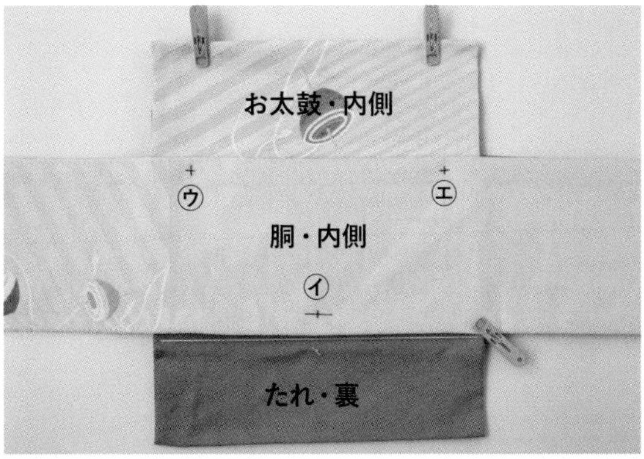

20 ピンチA、Bをはずし、下のイラストを参照して、㋑を飾り十字どめ、㋒と㋓を十字どめで縫いとめる。上側の仮どめピンチをはずす。

Point

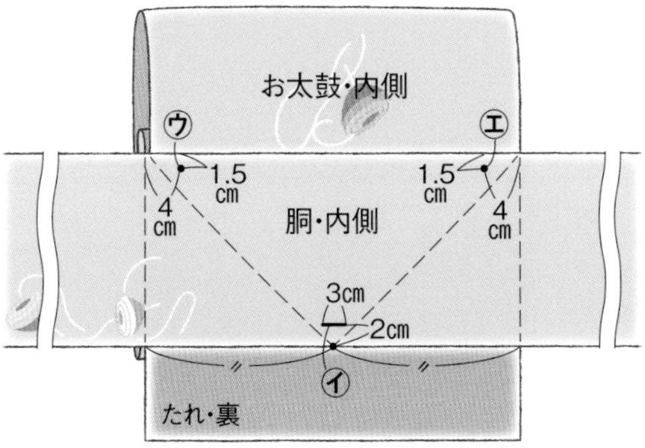

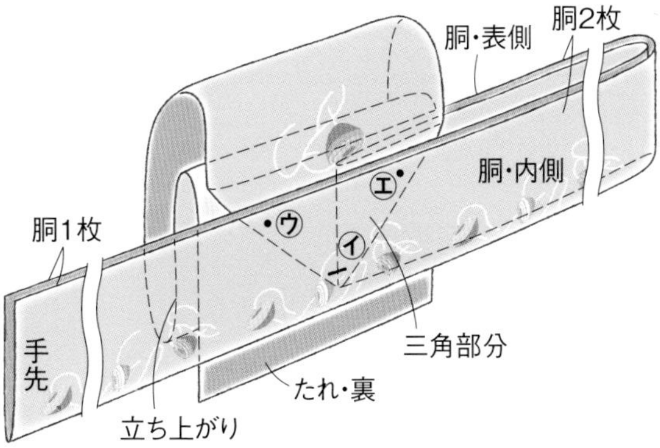

㋑→胴1枚と二角部分を飾り十字どめ。㋒→胴1枚と三角部分を十字どめ。㋓→胴2枚と三角部分を十字どめ。

▶1本目の装着用のひもをつける

21 装着用のひもを二等分する。

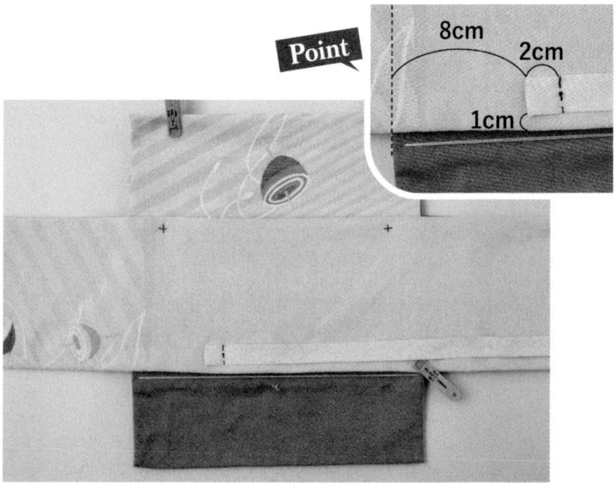

22 ひもを写真の位置に置き、ひも端から2cmのところでひもと胴を4目ほどで縫いとめる。

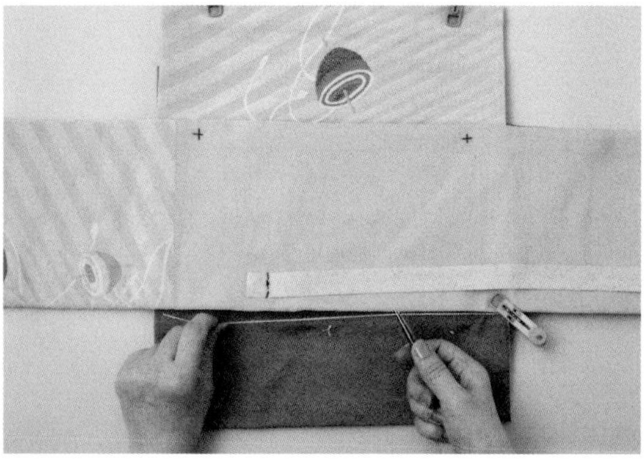

23 基本線のしつけ糸を切り、両端を玉結びする。

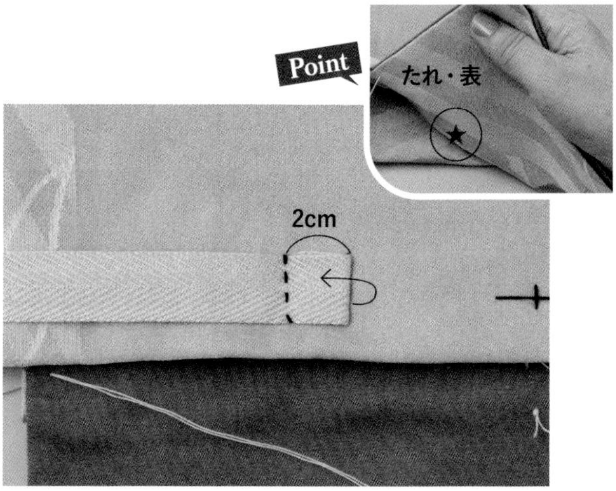

24 ひもを折り返し、折り山から2cmのところでひもと胴、たれを4目ほどで縫いとめる（写真右上★部分）。

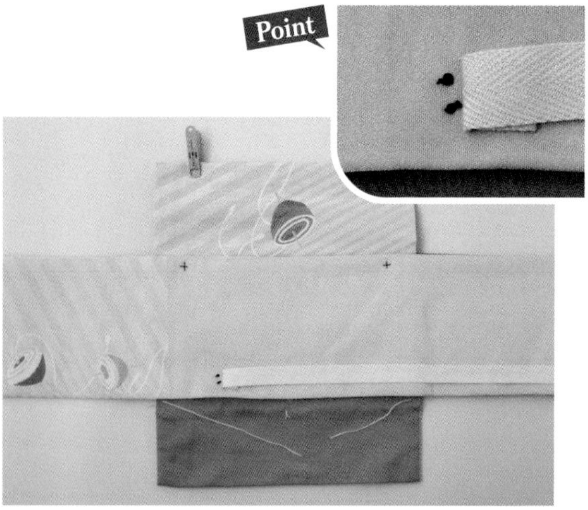

25 ひもを折り返して、根元のところで胴から立ち上がりまで1目で縫いとめる。

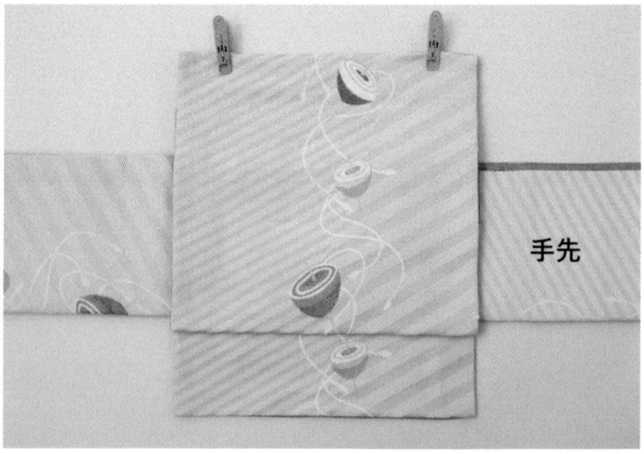

26 帯を表に返す。

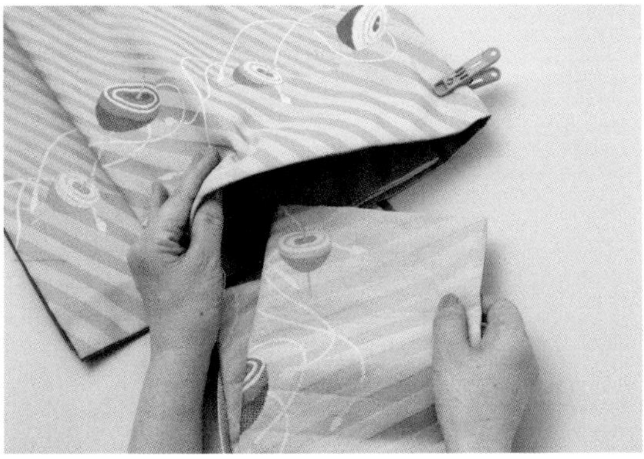

27 お太鼓の中（立ち上がりの上）に手先を通す。

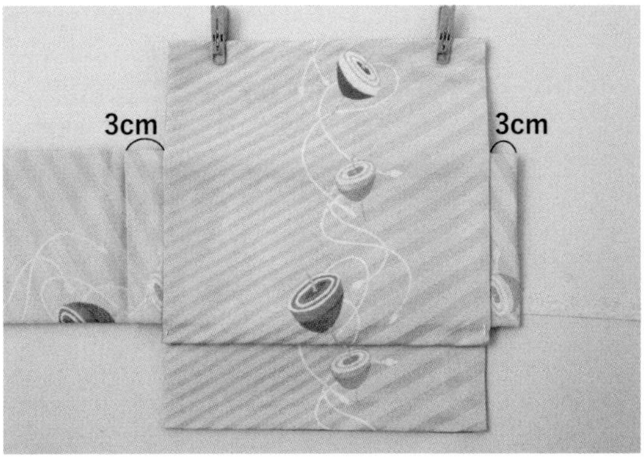

28 手先の両端をお太鼓から3cm出す。

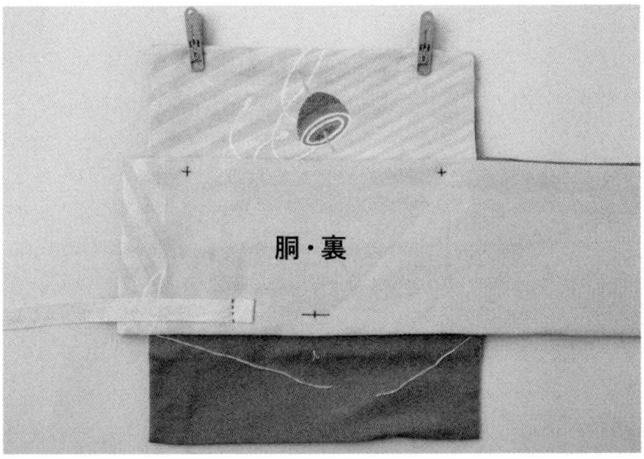

29 帯を裏に返す。

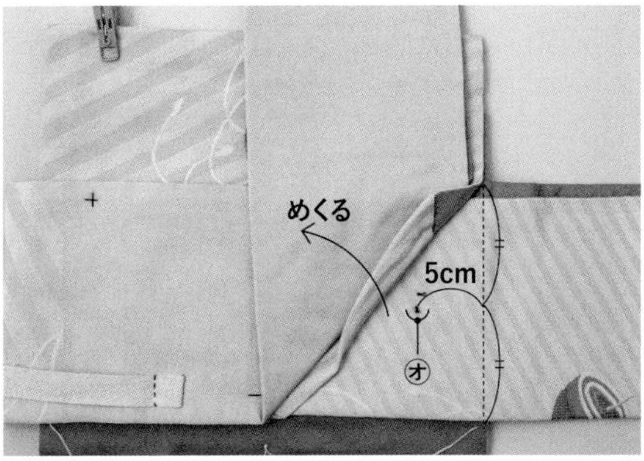

30 胴部分をめくり、㋔を胴から手先まで１目で縫いとめる。

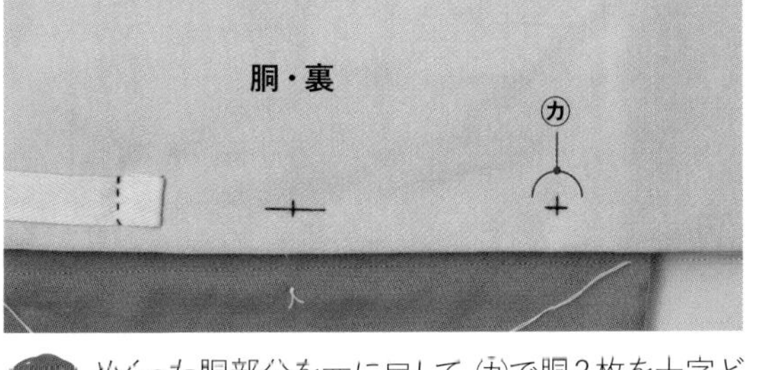

31 めくった胴部分を元に戻して、㋕で胴２枚を十字どめで縫いとめる。

▶帯の上線のゆるみを作る

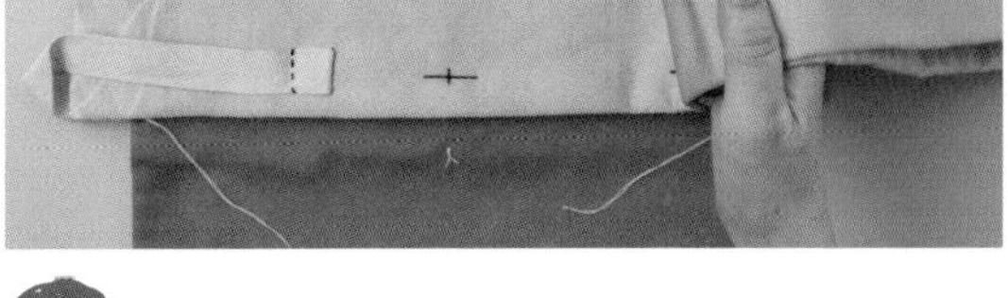

32 胴部分を左側に折り返す。

33 折り山に右手を入れて、左手で胴部分を引っぱる。

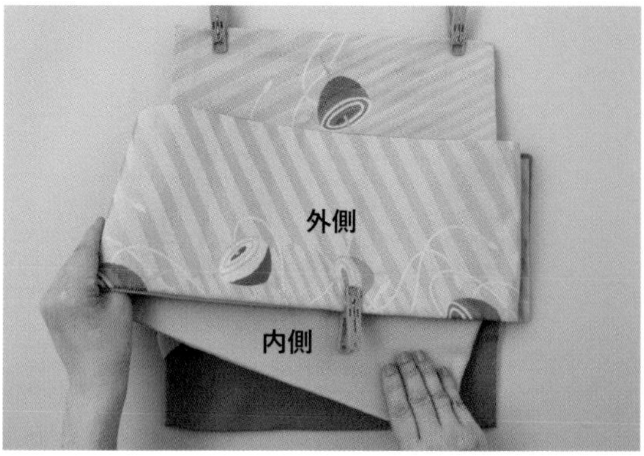

34 左側を内側に折り、右手で引っぱりながら外側にゆるみを作ってピンチで仮どめする。

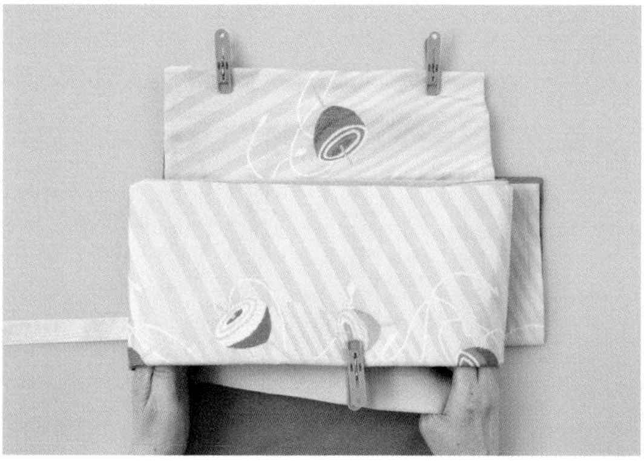

35 左右の折り山に手を入れて、外側のゆるみを均等にする。

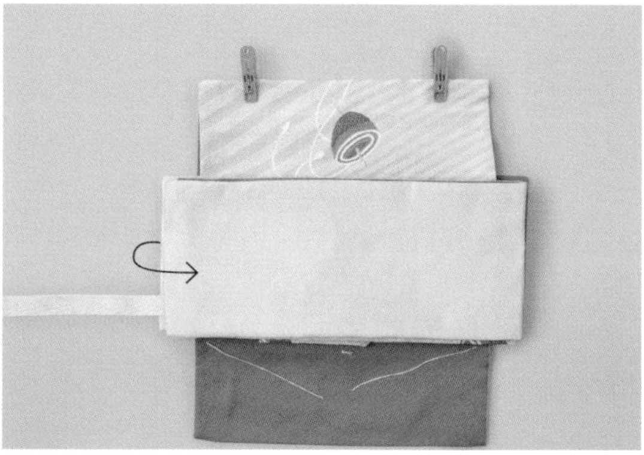

36 胴の端を上に折り返し、ピンチをはずす。

▶2本目の装着用のひもをつける

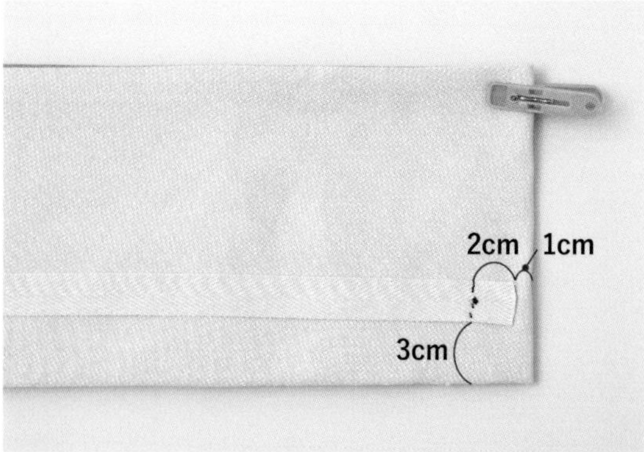

37 折り返した胴部分のゆるみがずれないように上端をピンチで仮どめする。ひもを置き、ひも端から2㎝のところでひもと胴の上1枚を4目ほどで縫いとめる。

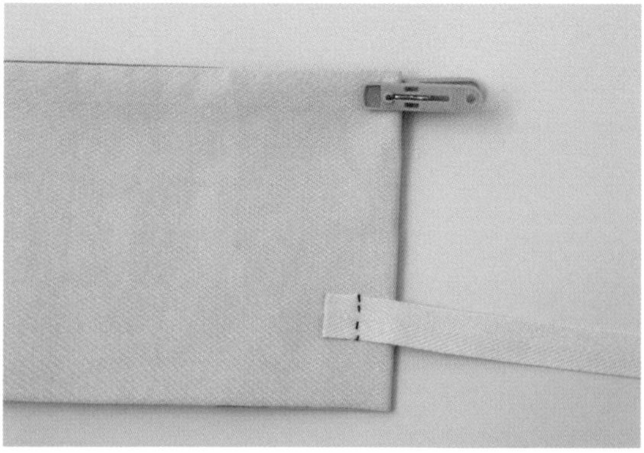

38 ひもを右側に折り返して、折り山から2㎝のところでひもと胴2枚を4目ほどで縫いとめる。

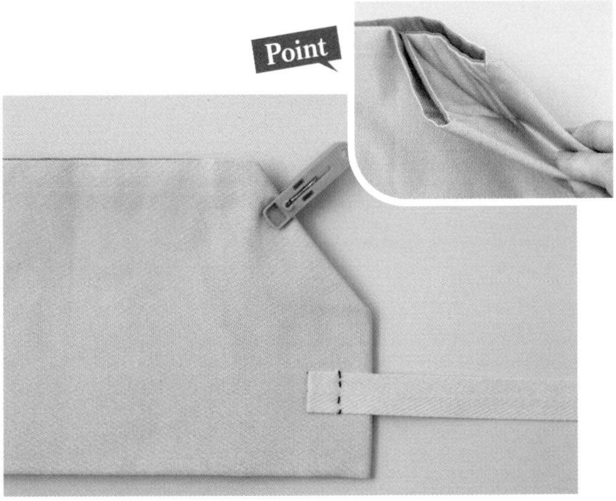

39 上端を内側に折り込み、ピンチで仮どめする。

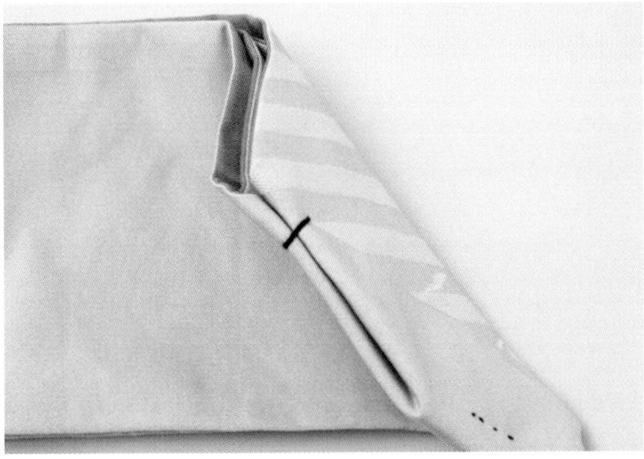

40 内側から針を刺して、2目の巻きかがりで縫いとじる。

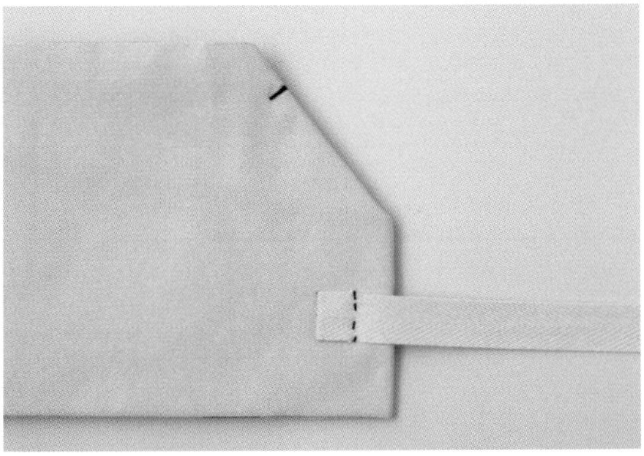

41 縫いとじたところ。

42 ひも端を三つ折りぐけする。

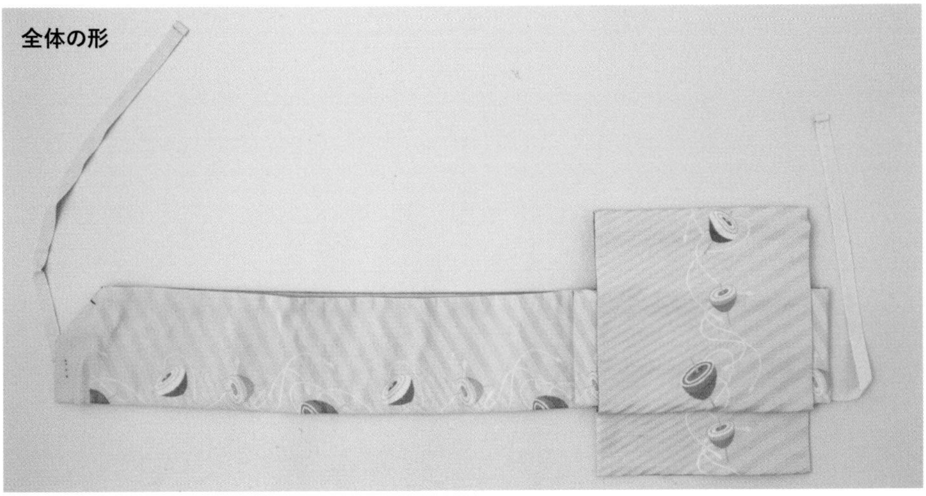

43 できあがり!

お太鼓結びのたたみ方

胴部分とたれを折りたんでコンパクトに。重ねて収納すればタンスの場所を取りません。

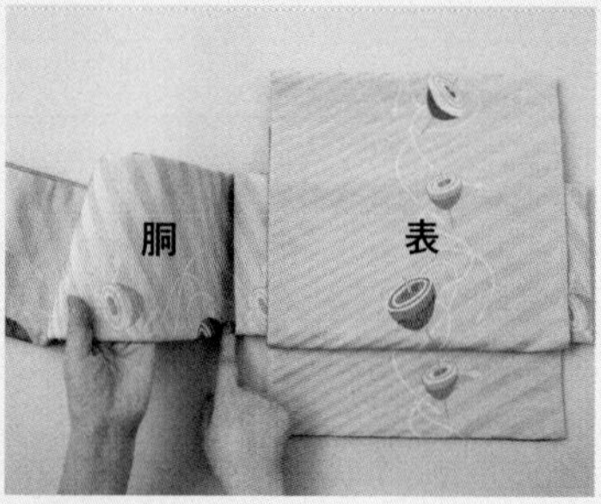

1 表を上にして、お太鼓の左端に人さし指を置く。

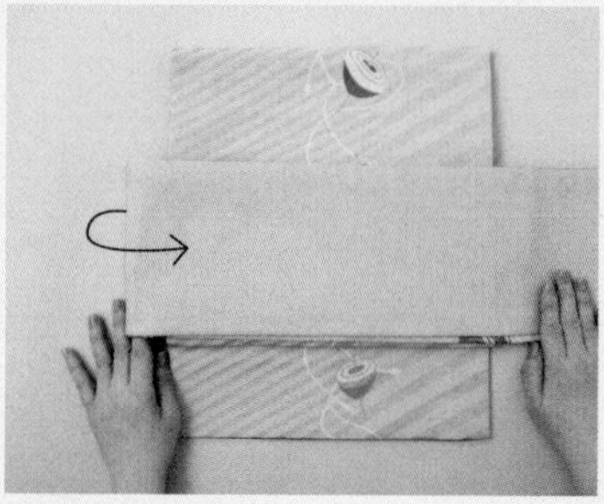

2 胴部分をお太鼓の上に折り上げる。

3 ひもを胴部分にのせて、左側に折り返す。

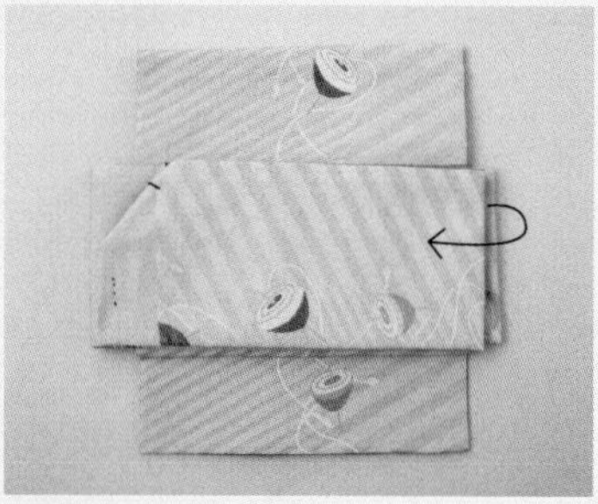

4 ❷〜❸を繰り返して、残りの胴部分を折りたたむ。

5 折りたたんだ胴部分をお太鼓の中に入れる。

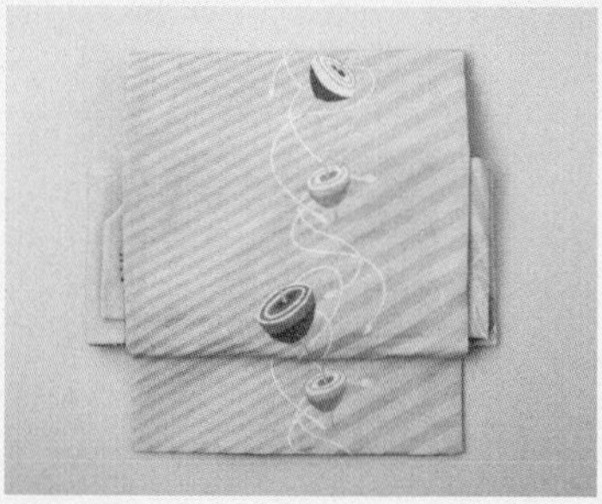

6 お太鼓の中にきれいに収まったところ。

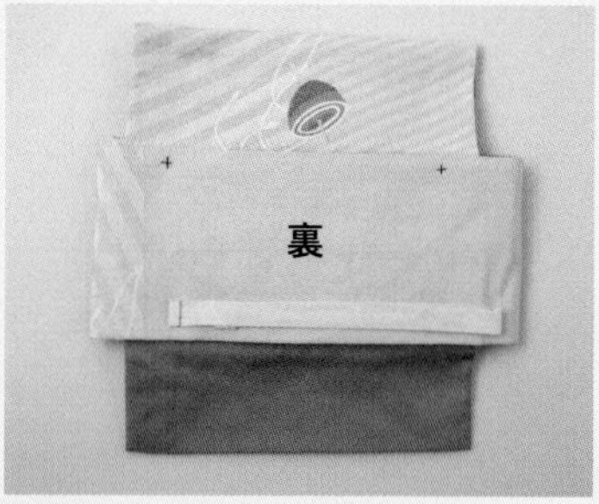

7 帯を裏に返し、ひもを胴部分にのせる。

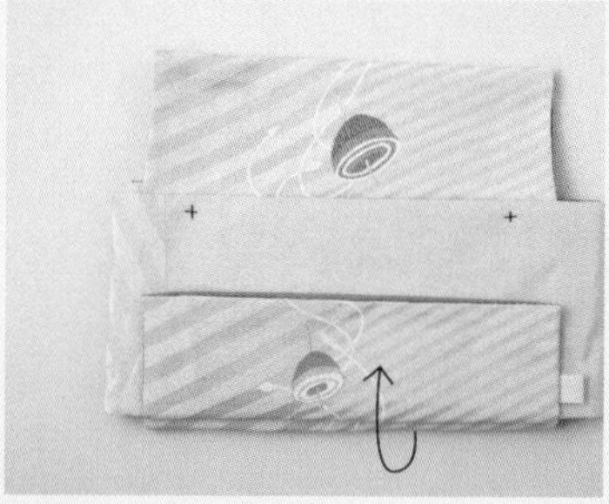

8 たれを折り上げる。

9 できあがり。表に返したところ。

ワンポイント・テクニック

どんな帯にも使える柄出し＆サイズ調整

基本の作り方で作るとお太鼓結びの前帯の柄がずれる、帯が余ってもたつく……。
そんなときでも大丈夫。きっちり自分好みに仕上がります。

前帯に出したい柄を出す

好みの柄の位置に合わせて、展開図（P18、P28）のD背中心の位置をずらします。

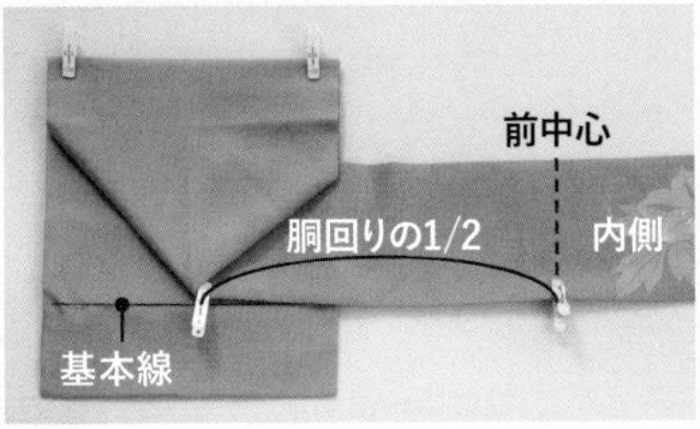

1 基本の作り方の場合。白のピンチDと中心点が重なる位置から前中心の位置（ピンクのピンチ）が決まる。

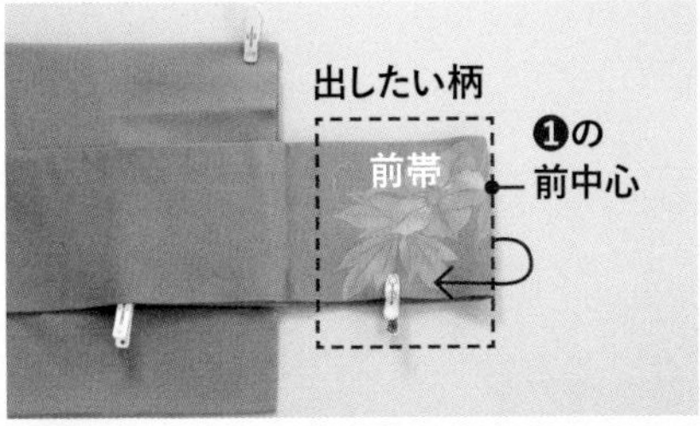

2 胴部分を表に返し、出したい柄の位置にピンチをずらす。

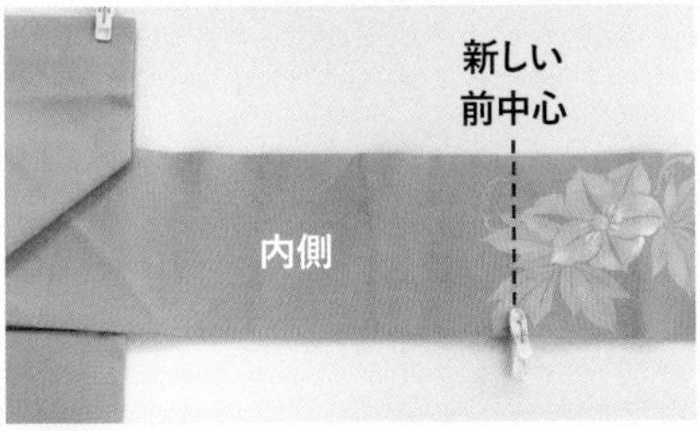

3 胴部分を❶に戻す。

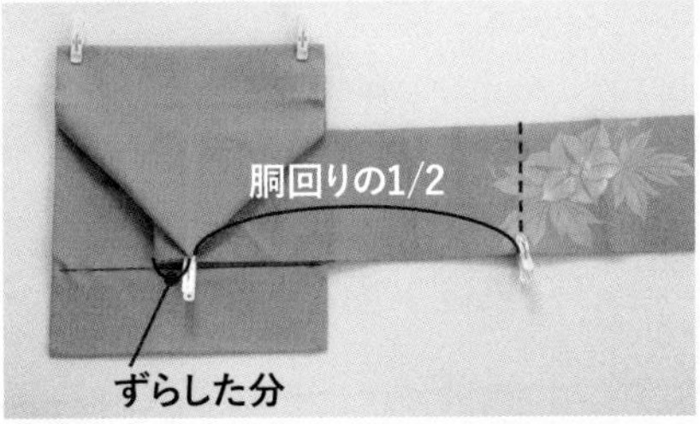

4 前中心の位置から胴回り1/2の位置にDをずらし、❶と同様にDを中心点に重ねる。

▼ 中心

▼ 左寄り

▼ 右寄り

胴部分が余ったとき

胴回りが細かったり、
柄出しで背中心の位置をずらしたりした場合は調整します。

胴の端で整える

余分を内側に折り込む。

折り込んだところを縫いとめる。

お太鼓部分で整える

余分が出てたるんだ状態。

たるみを三角部分の下に押し込む。

胴部分が足りないとき

短すぎる帯や胴回りが太い場合も安心。

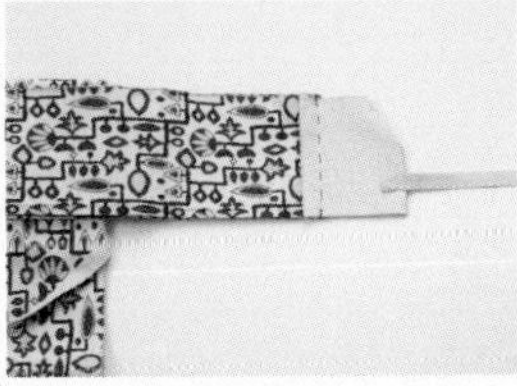

胴部分に足し布（最大13cmくらい）をする。背中に隠れるのでどんな布でもOK。

帯幅を広くしたいとき

背の高い方や広めの帯幅が好きな方向け。

胴回り部分を作るとき、帯をずらして折り、幅を出す。

和らく会流・お太鼓結び

袋帯で作る二重太鼓

よくわかる
レッスン動画は
ここから

一重太鼓のアレンジ版です。お太鼓柄はもちろん、全通柄や六通柄も出したい部分の柄を出せます。たれとの柄合わせもばっちり！

1 帯幅と作り帯を装着する人の胴回り（帯を締めたときの帯の下線の位置）をはかる。帯の長さとP15を参照にしてお太鼓の大きさを決める（本書は38cm）。

※計測位置をわかりやすくするため、撮影用に帯板をつけています。

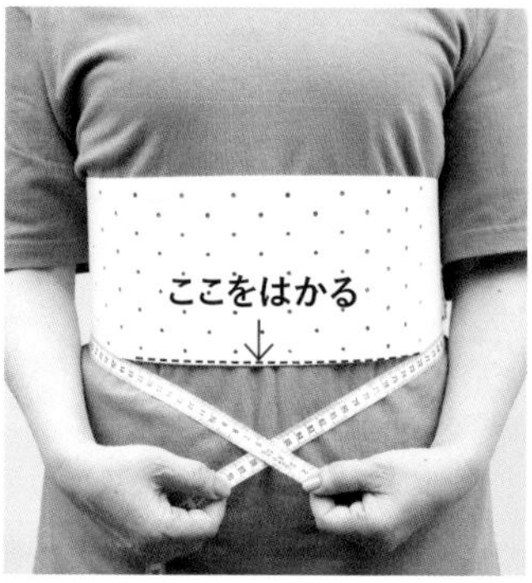

用意するもの

- 袋帯（長さ：4ｍ～）
- 装着用のひも（2cm幅／長さ：胴回り＋40cm）1本
- 洗濯用ピンチ10コくらい

2 帯を縦に外表に二つ折りにして、❶で計測した胴回りと帯幅からA ～ Dの位置を決め、目印のピンチをとめる。

〈展開図〉

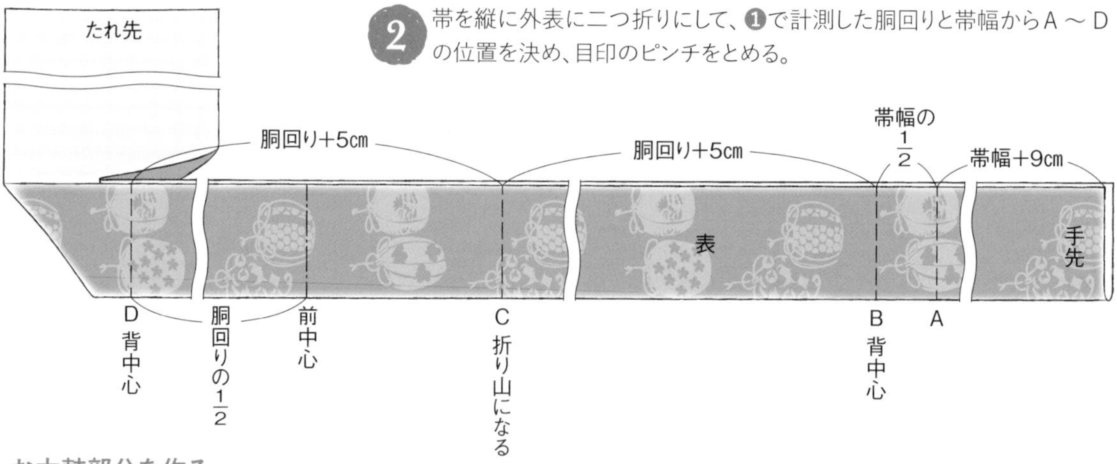

▶お太鼓部分を作る

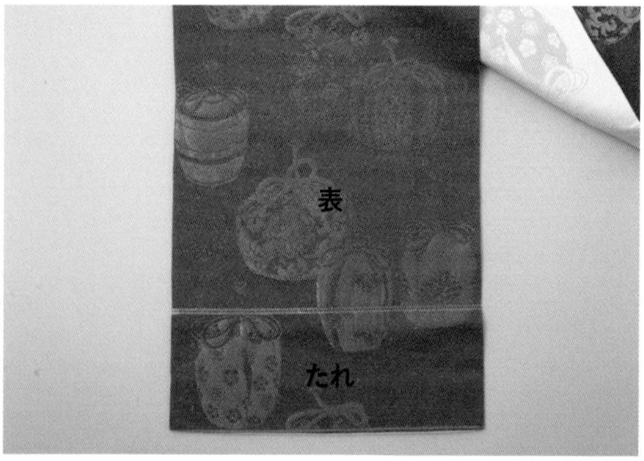

3 帯の表を上にして、たれ側を正面にして置く。

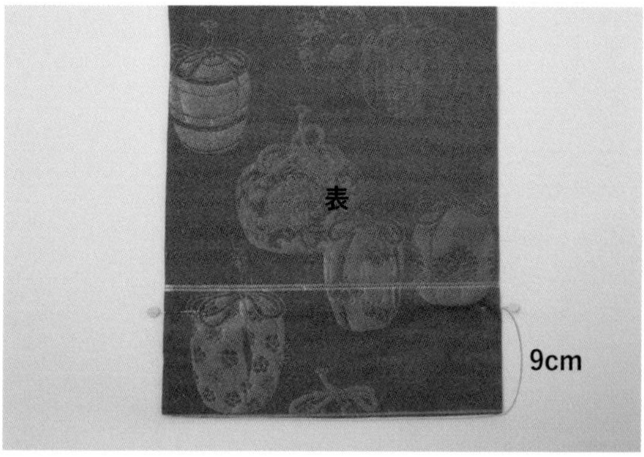

4 たれの長さ（P15参照：本書は9cm)を決めて、帯の表側にまち針を打つ。

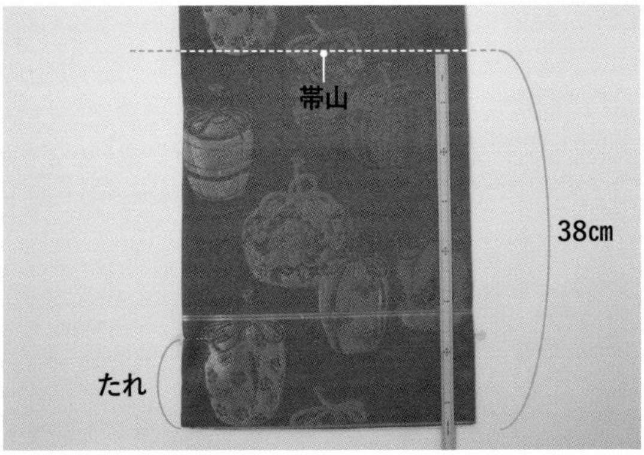

5 ものさしを置いて帯山の位置を確認する。

※ものさしの38cmの目盛りをたれの下線に合わせて計測すると、ものさしの端が帯山の位置になります。

6 ものさしがずれないようにピンチで仮どめして、お太鼓にする部分を出したい柄のところまで引き下げる。

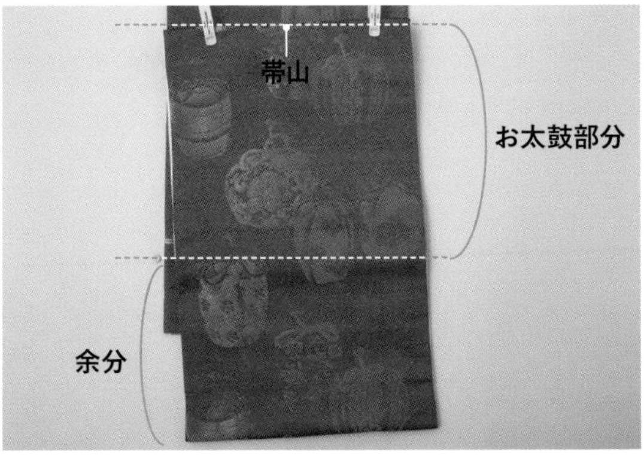

7 たれとお太鼓の柄合わせをする場合は、たれが重なる位置を選ぶ。お太鼓の柄が決まったら、❻のピンチをはずして帯山を仮どめする。

8 たれのまち針のところから余分をお太鼓の下に折り上げる。余分が立ち上がりになる。

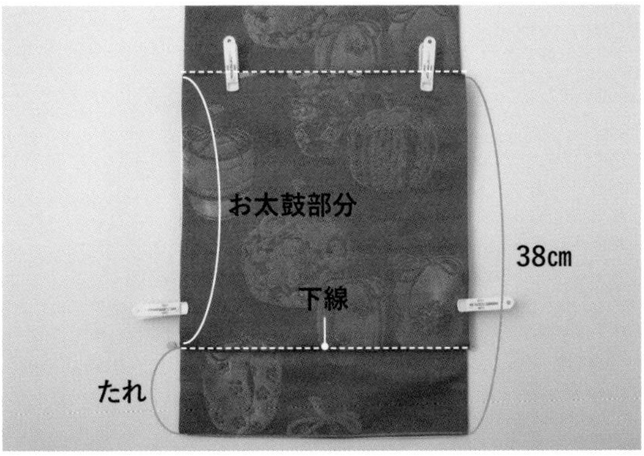

9 お太鼓の下線をたれのまち針に合わせ、ピンチで仮どめする。

▶胴回り部分を作る

Point

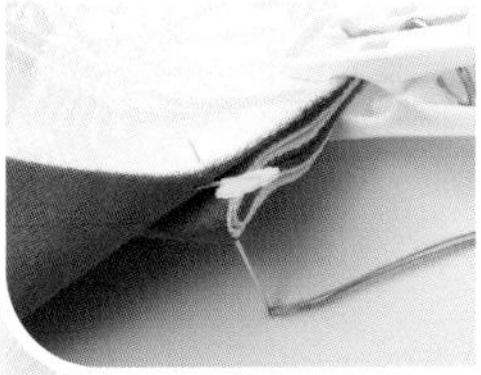

10 帯を裏に返す。右端のまち針の1cm上に表から針を刺して左端まで、しつけ糸で一直線に基本線の印をつける。

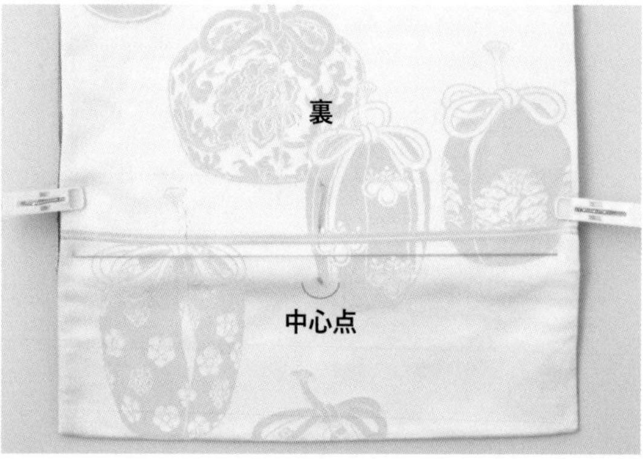

11 基本線の中心に玉どめで中心点の印をつけて、まち針をはずす。

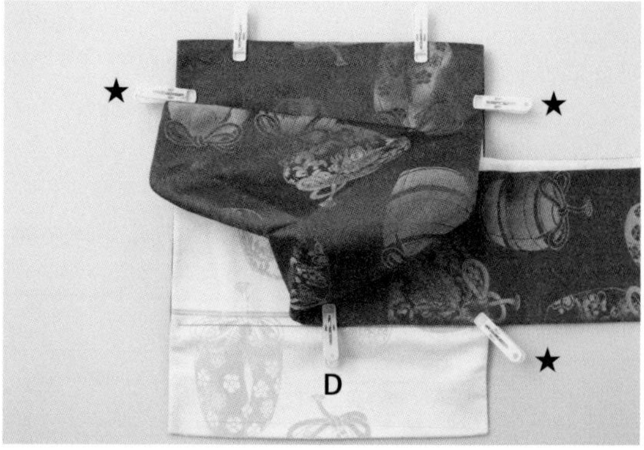

12 胴部分を基本線まで引き下げて中心点にP28展開図のDを重ね、⓫の左右の仮どめのピンチをはずし、★3ヵ所をピンチで仮どめする。

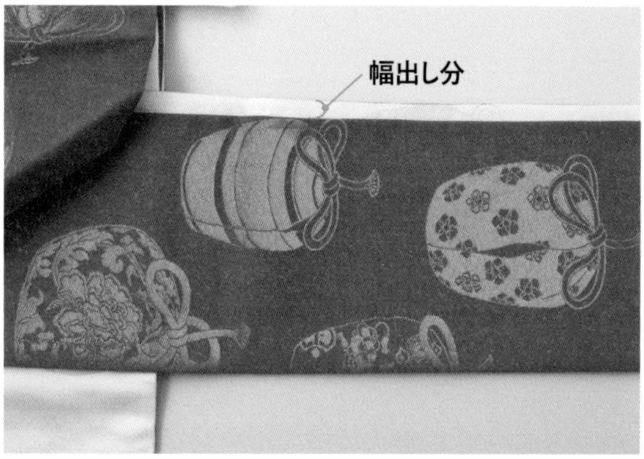

13 帯幅を広めにしたい場合は、帯をずらして折り直す。

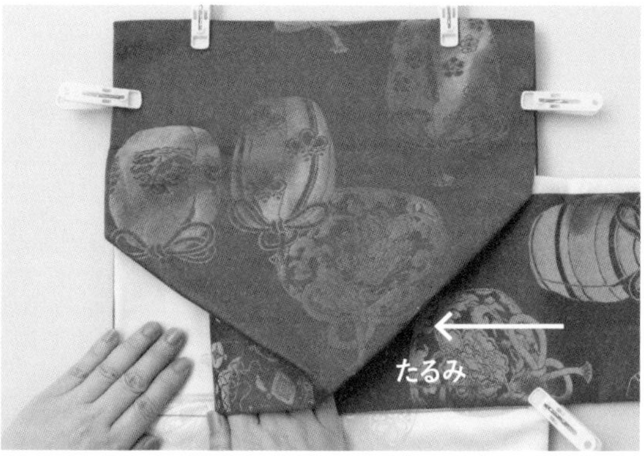

14 三角部分のたるみを左側に押し込む。

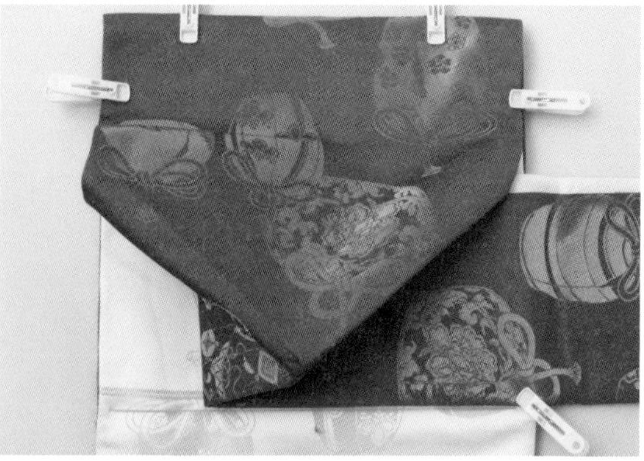

15 たるみが押し込まれたところ。

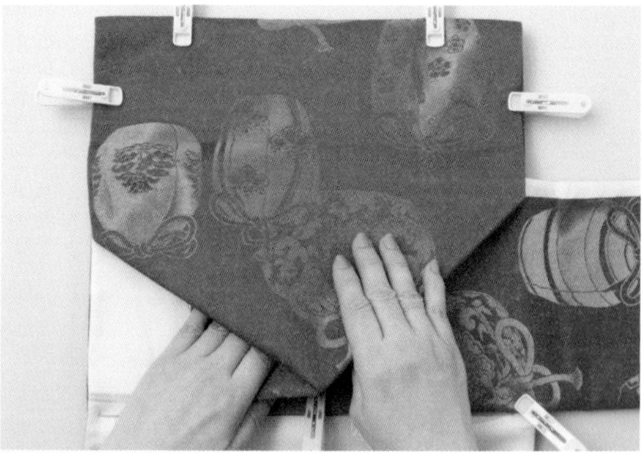

16 ⓯でできたたるみを右側に押し込む。

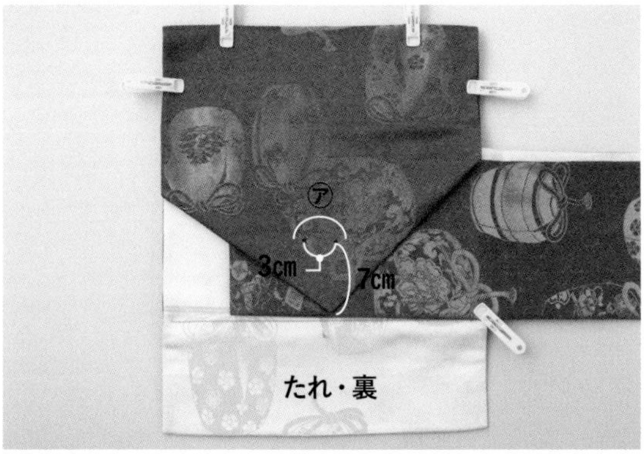

17 中心点から7cm上のアを3cm幅の縫い目で、立ち上がりまで縫いとめて、ピンチDをはずす。

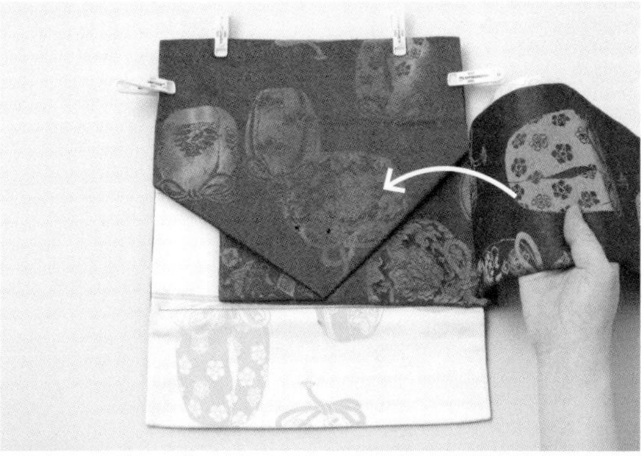

18 胴部分を左側に折り返す。

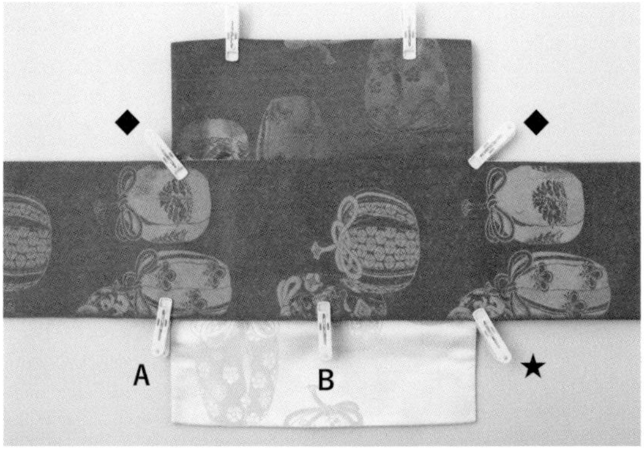

19 中心点に展開図B、帯の左端にAを重ねる。帯山以外の仮どめにピンチを一旦はずし、◆2ヵ所は胴部分とお太鼓1枚、★は胴とお太鼓部分をとめ直す。

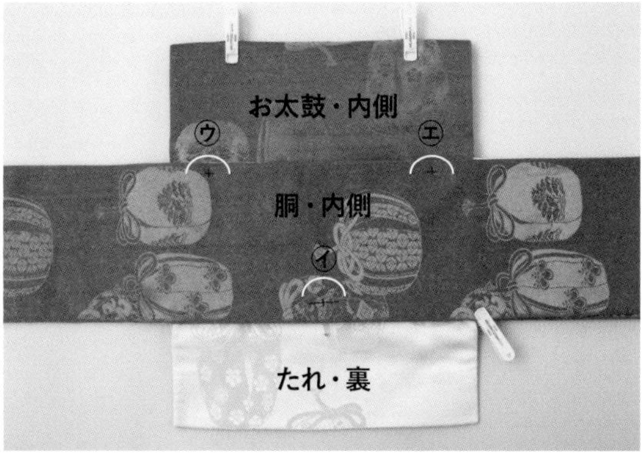

20 下のイラストを参照して、イを飾り十字どめ、ウとエを十字どめで縫いとめる。ピンチA、Bと上側の仮どめピンチをはずす。

Point

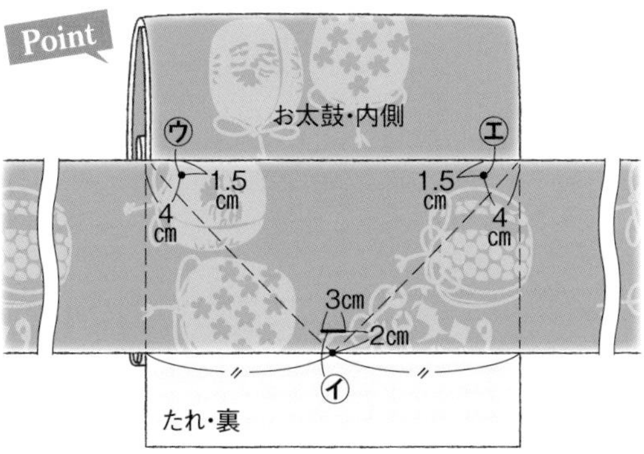

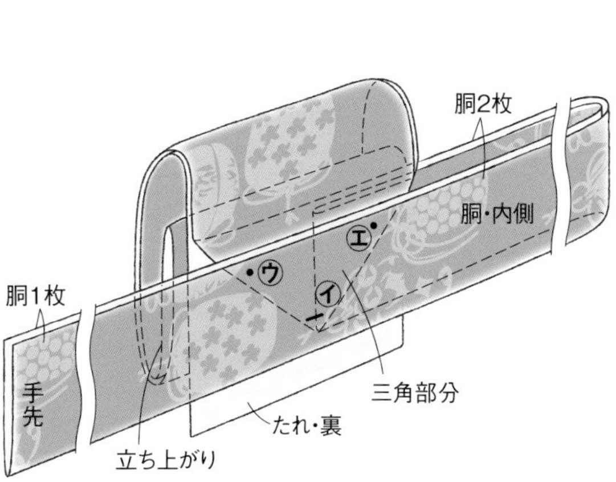

㋑→胴１枚と三角部分を飾り十字どめ。㋒→胴１枚と三角部分を十字どめ。㋓→胴２枚と三角部分を十字どめ。

▶1本目の装着用のひもをつける

21 装着用のひもを二等分する。

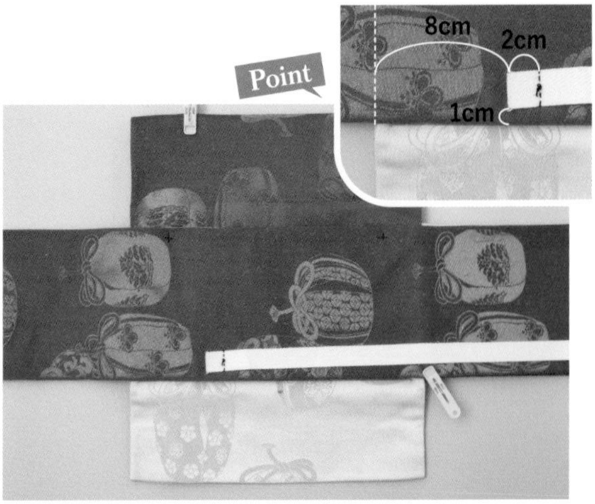

22 ひもを写真の位置に置き、ひも端から2cmのところでひもと胴を4目ほどで縫いとめる。

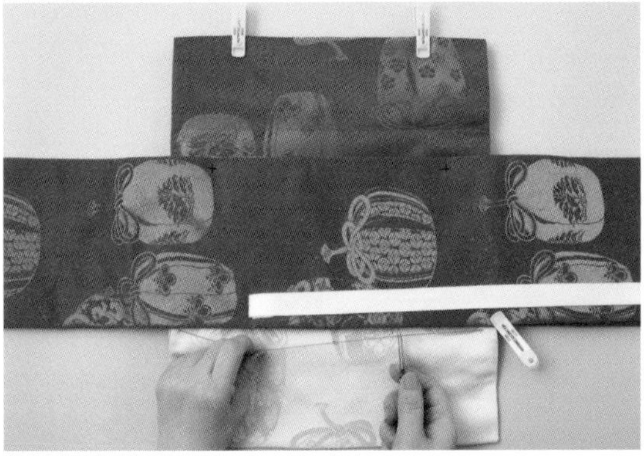

23 基本線のしつけ糸を切り、両端を玉結びする。

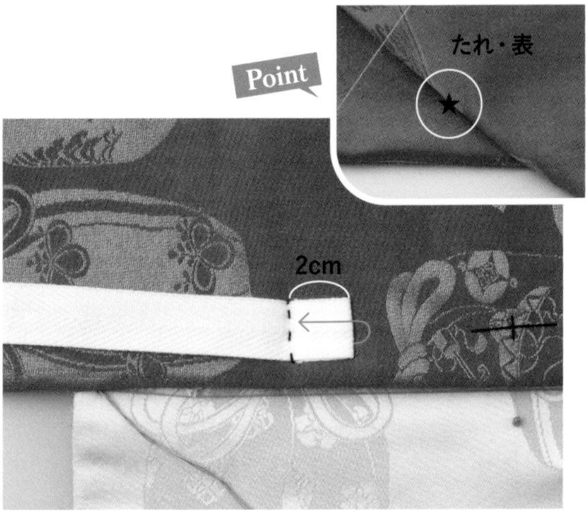

24 ひもを折り返し、折り山から2cmのところでひもと胴、たれを4目ほどで縫いとめる（写真右上★部分）。

25 ひもを折り返して、根元のところで胴から立ち上がりまで1目で縫いとめる。

26 帯を表に返す。

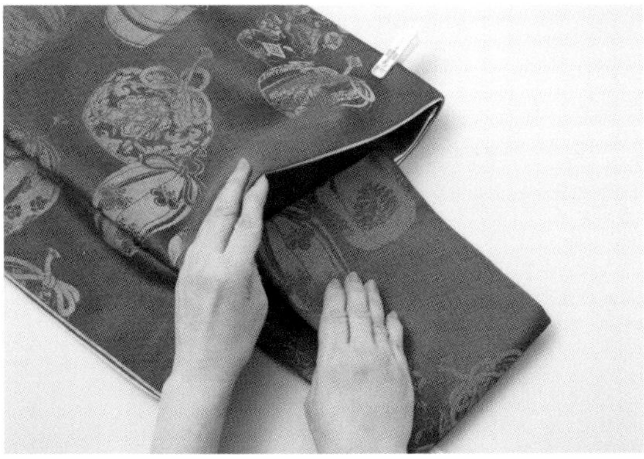

27 お太鼓の中（立ち上がりの上）に手先を通す。

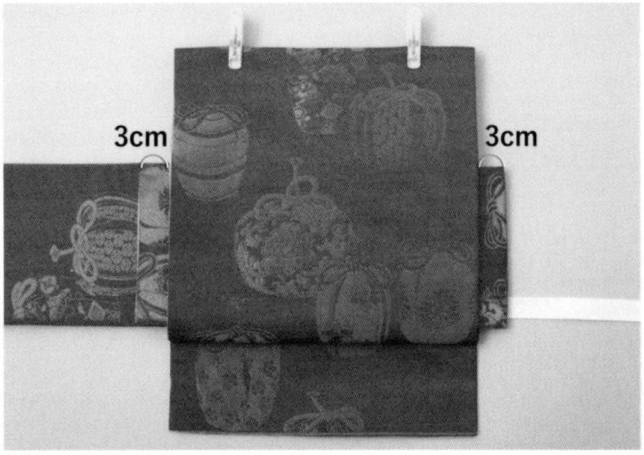

28 手先の両端をお太鼓から3㎝出す。

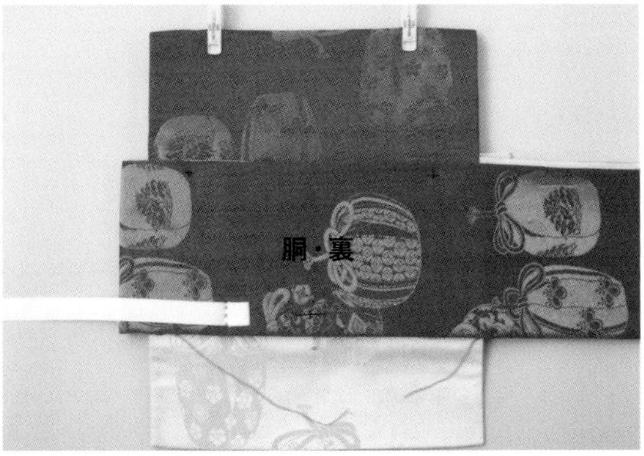

29 帯を裏に返す。

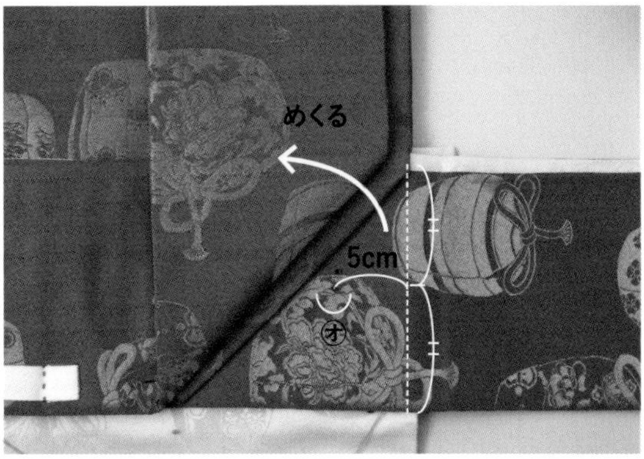

30 胴部分をめくり、㋔を胴から手先まで1目で縫いとめる。

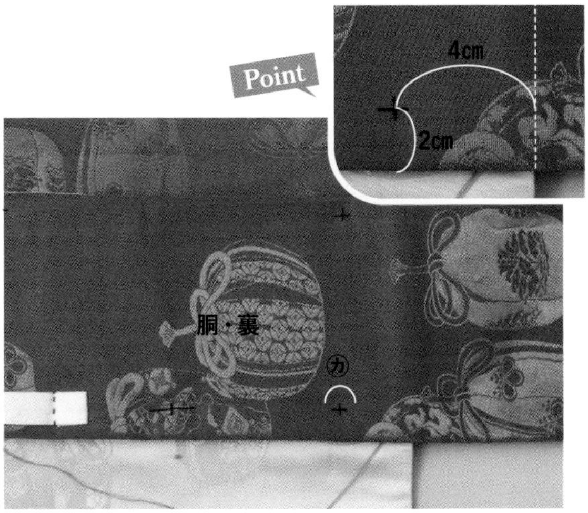

31 めくった胴部分を元に戻して、㋕で胴2枚を十字どめで縫いとめる。

▶帯の上線のゆるみを作る

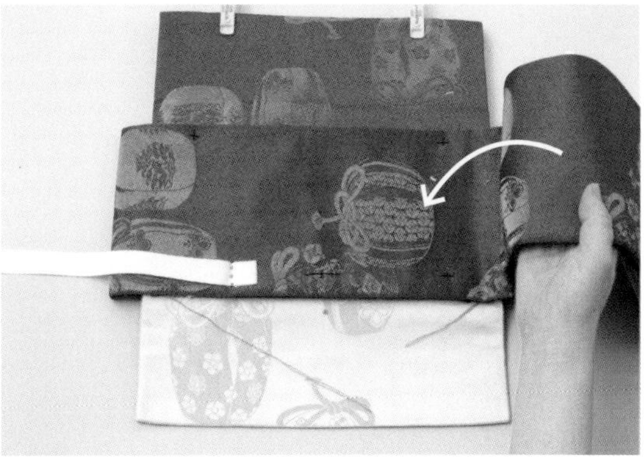

32 胴部分を左側に折り返す。

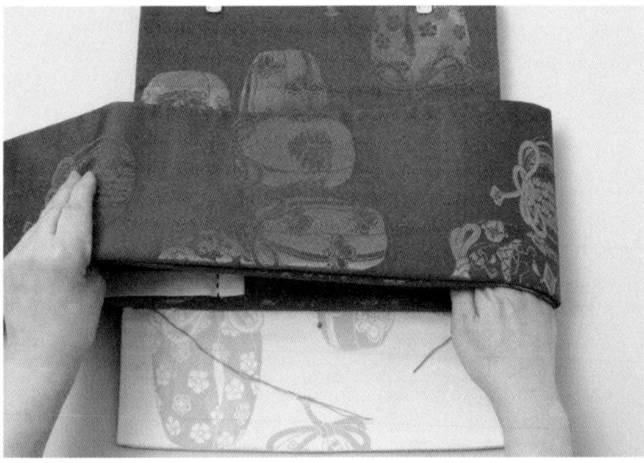

33 折り山に右手を入れて、左手で胴部分を引っぱる。

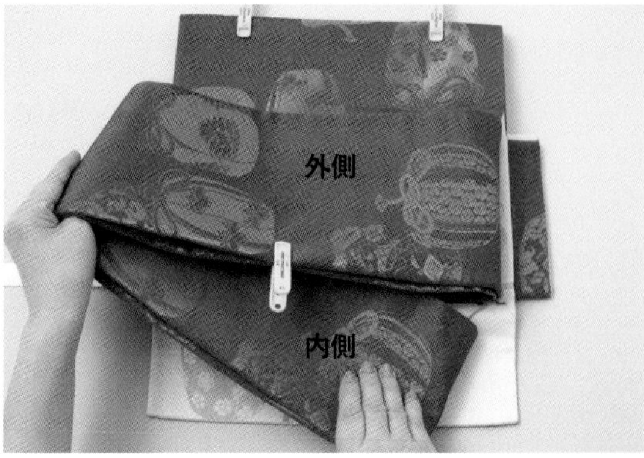

34 左側を内側に折り、右手で引っぱりながら外側にゆるみを作ってピンチで仮どめする。

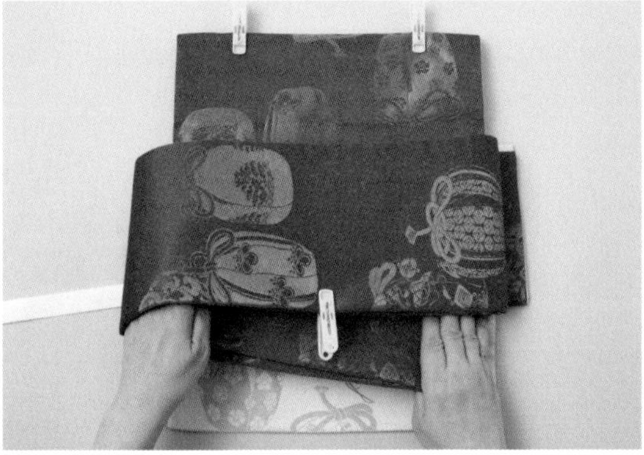

35 左右の折り山に手を入れて、外側のゆるみを均等にする。

36 胴の端を上に折り返し、ピンチをはずす。

▶2本目の装着用のひもをつける

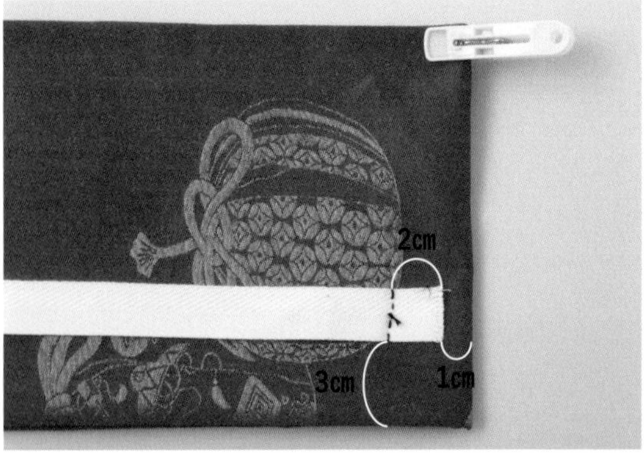

37 折り返した胴部分のゆるみがずれないように上端をピンチで仮どめする。ひもを置き、ひも端から2cmのところでひもと胴の上１枚を4目ほどで縫いとめる。

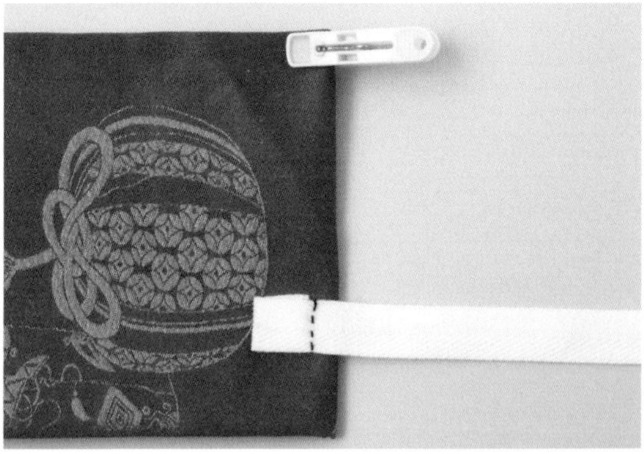

38 ひもを右側に折り返して、折り山から2cmのところでひもと胴２枚を４目ほどで縫いとめる。

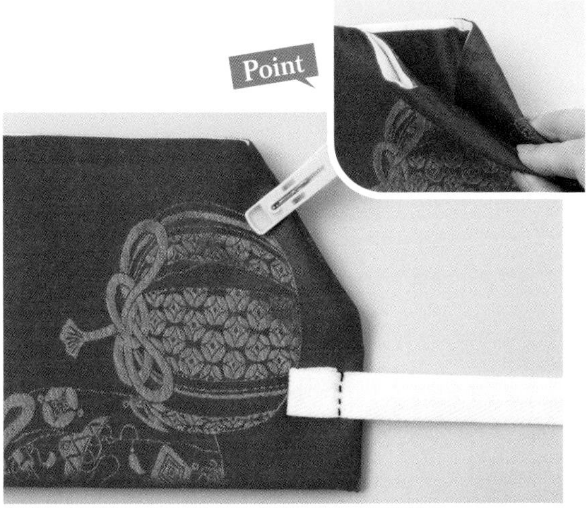

39 上端を内側に折り込み、ピンチで仮どめする。

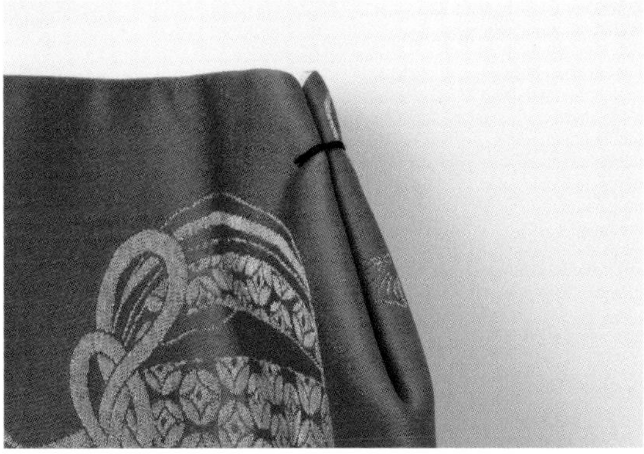

40 内側から針を刺して、2目の巻きかがりで縫いとじる。

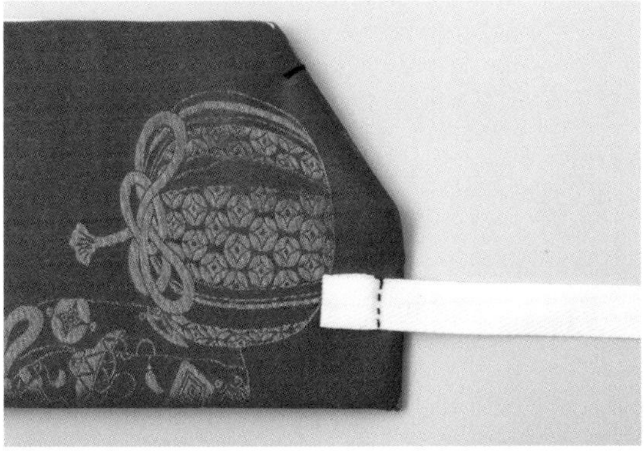

41 縫いとじたところ。

42 ひも端を三つ折りぐけする。

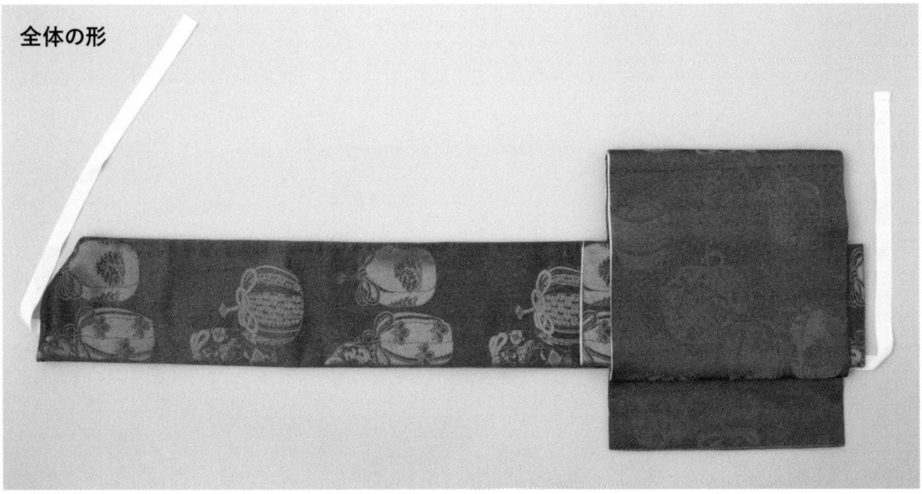

43 できあがり!

和らく会
オリジナル!

名古屋帯で作る和らく太鼓

お太鼓の両端を折ってチラリと見せる裏地がアクセント。
お太鼓の柄と裏地の色合わせが楽しい飾り結びです。

用意するもの
・名古屋帯（長さ：約3.2～3.9ｍ）
・装着用のひも（2㎝幅／長さ：胴回り＋40㎝）1本
・洗濯用ピンチ10コくらい

▶お太鼓部分を作る

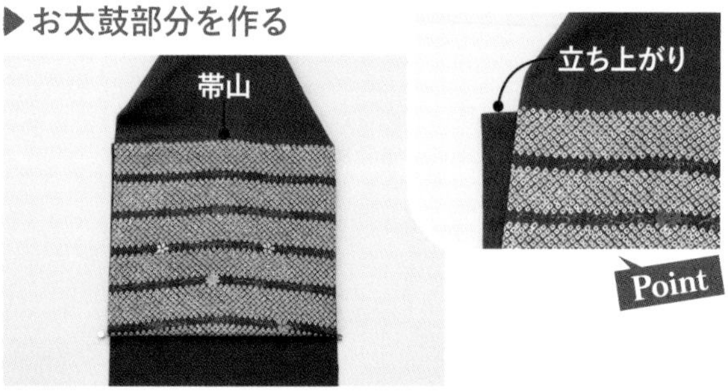

1 P18❶～P19❽と同様にお太鼓の柄と帯山の位置を決める。お太鼓部分は立ち上がりが帯山に重なるように引き下げる。

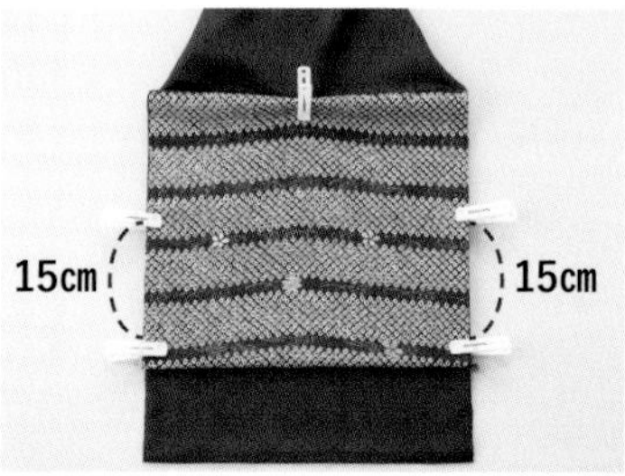

2 お太鼓の下線と帯山の中心をピンチで仮どめし、下線から15㎝のところに目印のピンチ★をとめる。

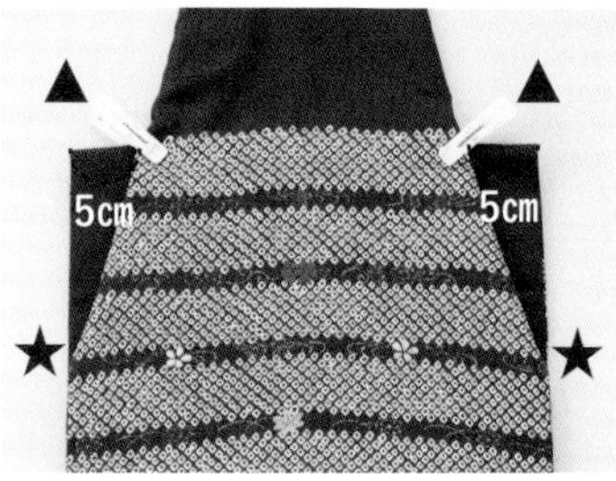

3 お太鼓の両端★～▲部分を内側に折り込み、ピンチで仮どめする。

4 帯を裏に返す。 P19❾～P20⓫と同様に基本線と中心点の印をつける。

5 P20⓬～⓰と同様にお太鼓裏を整え、㋐を5㎝の縫い目で、立ち上がりまで縫いとめる。

6 P21⓲～P25㊷と同様に帯を完成させ、❸の●部分をひと目で縫いとめる。

7 できあがり～!

和らく会
オリジナル！

袋帯で作る羽根出し結び

手先を羽根飾りのように広げて、お太鼓のアクセントに。
リバーシブル帯ならお太鼓と羽根飾りの色合わせが楽しめます。

よくわかる
レッスン動画は
ここから

用意するもの　・袋帯（長さ：4m〜）　・装着用のひも（2cm幅／長さ：胴回り＋40cm）1本
・洗濯用ピンチ10コくらい　・ヘアゴム1本

▶ベースの二重太鼓を作る

1　P28❶〜P32㉕まで同様に作り、帯を表にして置く。

▶羽根を作る

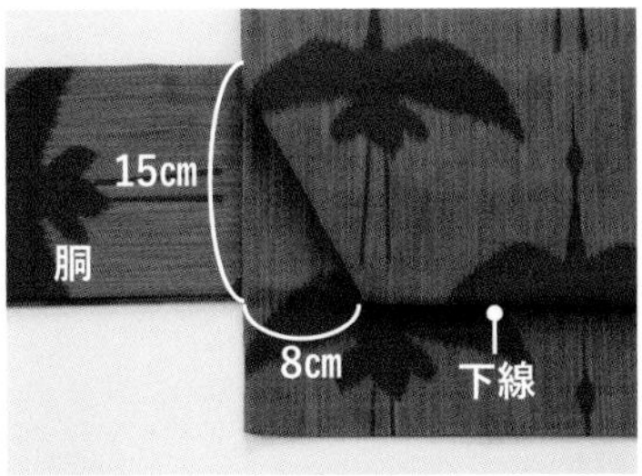

2　お太鼓の下線から胴の上辺部分を内側に折り込む。

3　折り込んだ部分と胴1枚を1目で縫いとめる。

4　手先から15cmのところをヘアゴムでとめ、手先を広げる。

5　手先の裏側を表にしてお太鼓の中（立ち上がりの上）に通す。

6　手先と立ち上がりを1目で縫いとめる。

7　帯を裏に返す。P33㉛と同様に㋕で胴2枚を十字どめで縫いとめる。

8　P33㉜〜P35㊷と同様にひもをつける。できあがり！

慣れたら３分！

お太鼓結びの装着

一重太鼓と二重太鼓、和らく会オリジナルのお太鼓結びも
装着の仕方は同じです。慣れたら３分で完了！

よくわかる
レッスン動画は
ここから

用意するもの
・お太鼓結びの作り帯　・薄手のフェイスタオル
・帯枕　・帯板　・帯揚げ
・帯締め　・ヘアゴム

1 帯枕を帯揚げでくるんで、中心をヘアゴムでとめる。

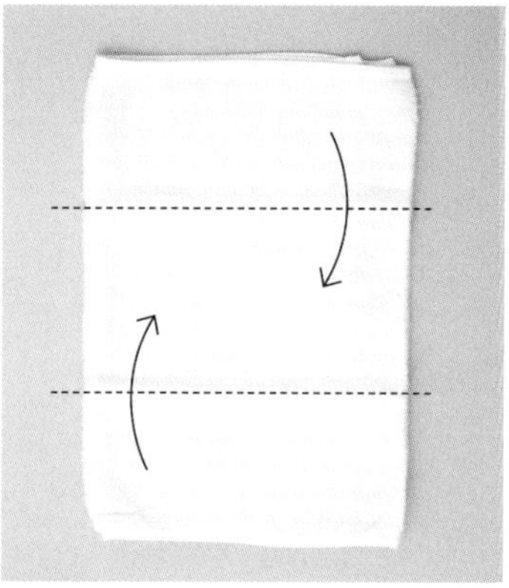

2 フェイスタオルを縦に四つ折りにしてから、横に三つ折りにする。

3 帯をP26❼の状態にたたむ。お太鼓裏の胴部分のポケット状のところに❷のタオルを入れる。

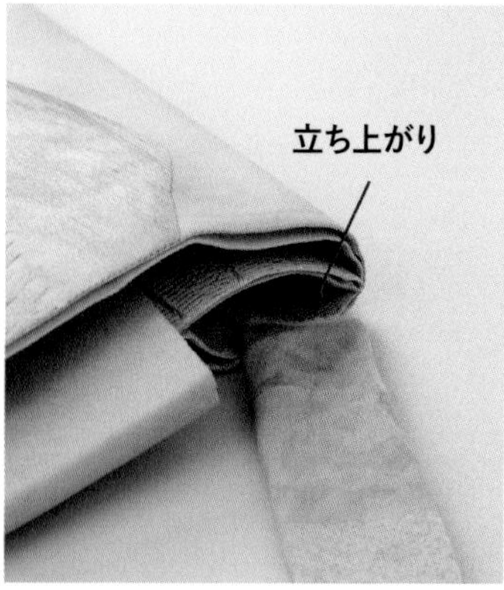

4 帯を表に返し、立ち上がりの下に❶の帯枕を通す。

5 お太鼓の上で帯揚げを仮結びする。

6 帯の表を正面にして帯山を持つ。ゴムベルト付きの帯板を使う場合は装着する。

7 帯を背中に当てて帯の位置を決め、密着させる。

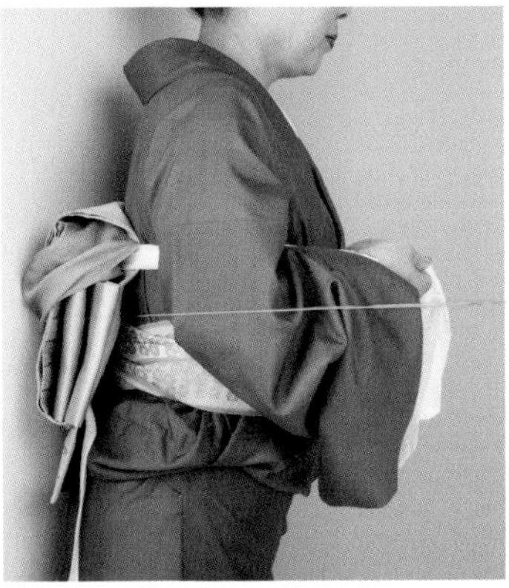

8 帯枕のひもと帯揚げを仮結びする。壁に背中を押し当てながら仮結びすると帯がずれない。

9 帯枕のひもと帯揚げで帯を仮装着した状態。

10 お太鼓の中から胴部分をゆっくり引き出し、胴に巻いていく。

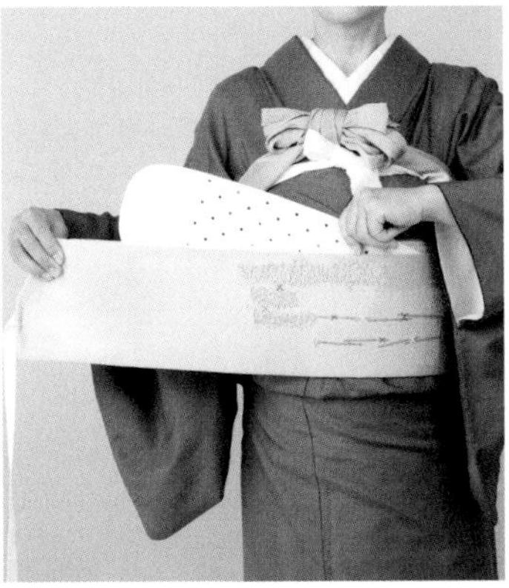

11 正面に巻いたら帯板を入れて、背中に巻いていく。

Point

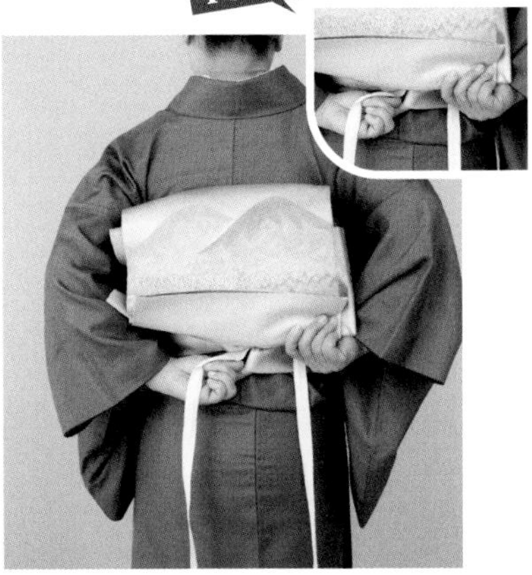

12 胴の端を左手に持ちかえて折り山に指を入れ、右手でお太鼓とたれと手先を持ち、左右に締める。

13 装着用のひもを正面に回して、帯下でリボン結びする。

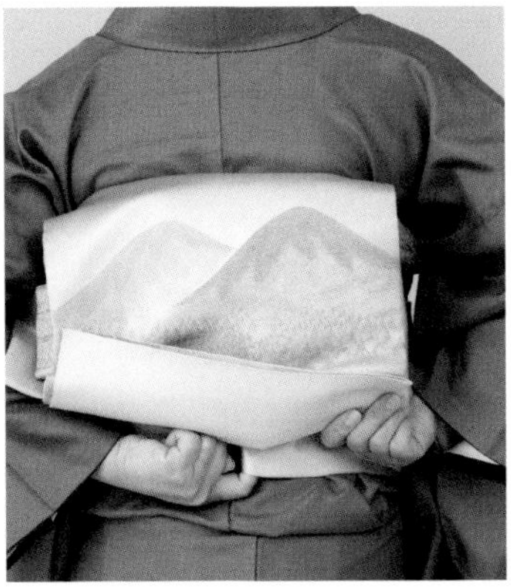

14 ひもを結んだまま、⓬と同様に左右に締めて、二度締めする。

15 ひものゆるみ分が出るので、結び直して帯の下に入れる。

16 帯枕のひもを結び直し、帯揚げと帯締めを結ぶ。

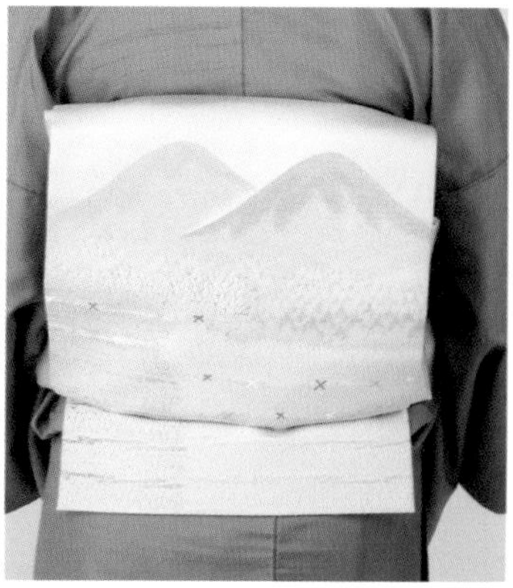

17 できあがり!

＼覚えやすい！／

かんたん・ゆるまない帯締めの結び方

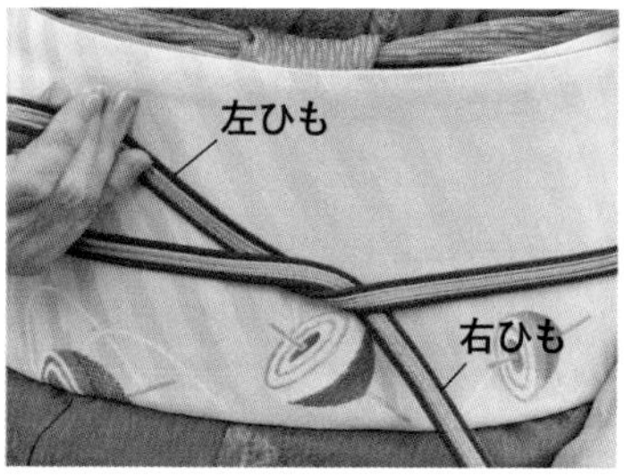

1 左ひもを上にして交差させ、下から上にくぐらせてひと結びする。

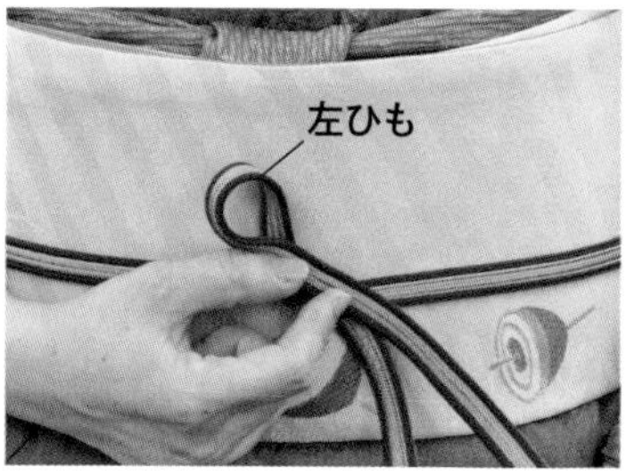

2 左ひもで輪を作り、ゆるまないように右手で押さえる。

3 右ひもを輪の中に入れる。

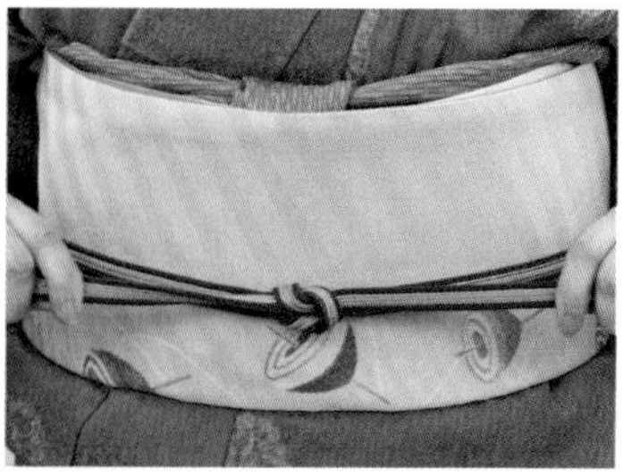

4 結び目を指で押さえながら左右に引き、ゆるまないようにぎゅっと締める。

5 結び目の輪が左側にくる。

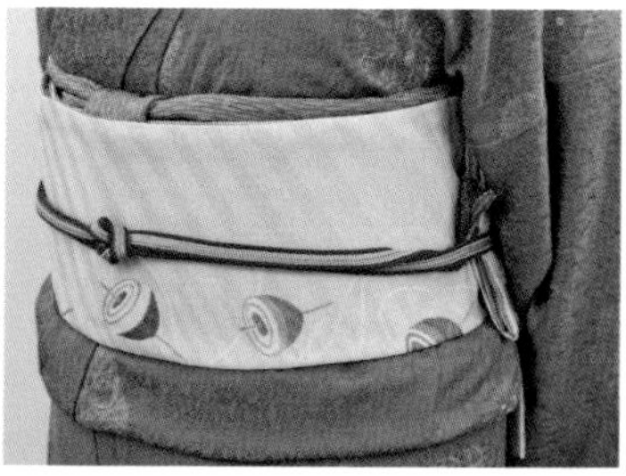

6 上と下の帯締めをきれいに重ね、房は上に向けて脇にはさむ。

すっきり美しい帯揚げの結び方

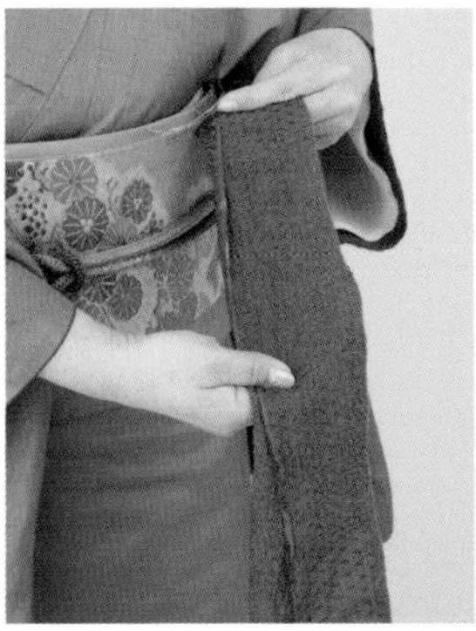

1 帯揚げを広げ、折り山を上にして三つ折りにする。

2 折り山を上にして二つ折りにする。脇からゆるみをしごいて整える。

3 わを上にして左側を上にして交差させる。

4 左側を下から上にくぐらせてひと結びする。

5 上下にまっすぐ引く。

6 下側を右手に持ちかえて、帯と着物の間に入れ込む。

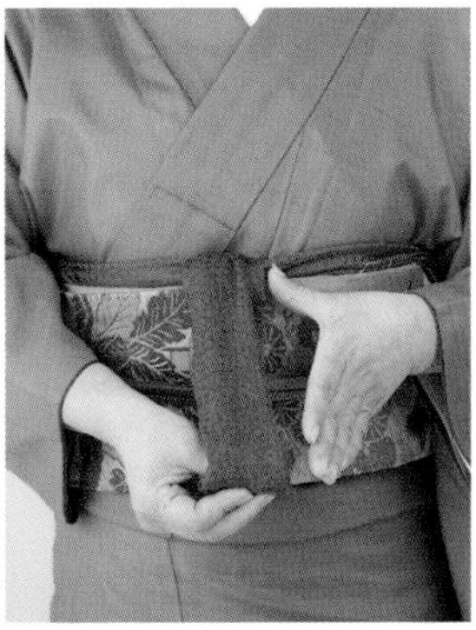

7 上側を人さし指と親指を開いた長さになるように、内側に折る。

8 帯と着物の間に入れ込む。

9 折り山から約5cm分を残す。

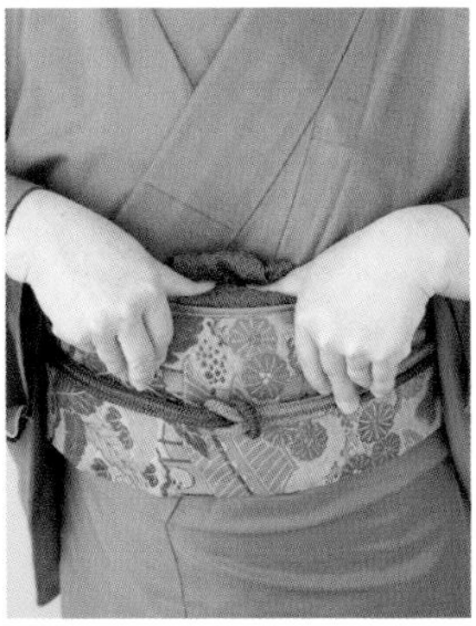

10 残した分を帯枕のひものうしろに入れ込む。

11 完成。ボリュームを抑えてすっきり。

和らく会流・角出し

袋帯で作る角出し

よくわかる
レッスン動画は
ここから

両脇から「手」を出して丸みを帯びたお太鼓に。
粋で女性らしい結び方です。長めのたれでお尻も隠せます！

1 帯幅と作り帯を装着する人の胴回り（帯を締めたときの帯の下線の位置・写真の点線）をはかる。

※計測位置をわかりやすくするため、撮影用に帯板をつけています。

用意するもの

- 袋帯（長さ：4m ～）
- 装着用のひも(2cm幅／長さ：胴回り+40cm）1本
- 食器用スポンジ2コ
- 洗濯用ピンチ10コくらい

〈展開図〉

2 帯を縦に外表に二つ折りにし、❶で計測した胴回りと帯幅からA ～ Eの位置を決め、目印のピンチをとめる。

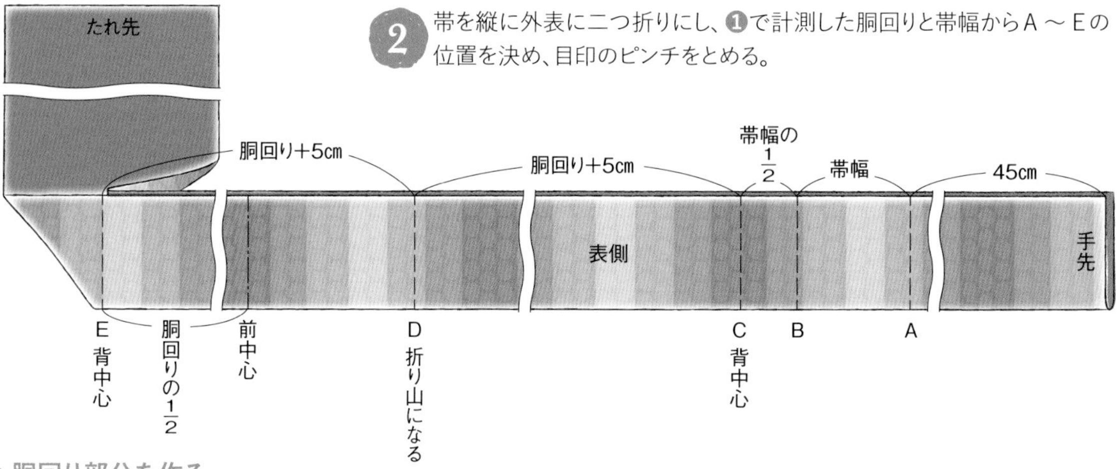

▶胴回り部分を作る

3 帯の表を上にして、たれ側を正面にして置く。

4 たれの長さ（P15参照：本書は13cm)を決めて、帯の表側にまち針を打つ。

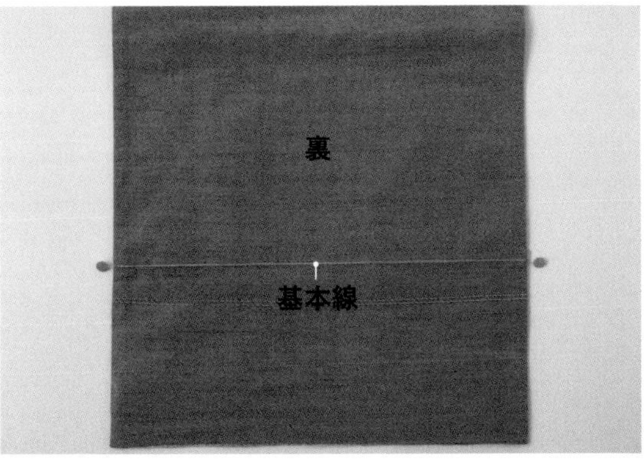

5 帯を裏に返す。右端のまち針の位置に表から針を刺して左端まで、しつけ糸で一直線に基本線の印をつける。

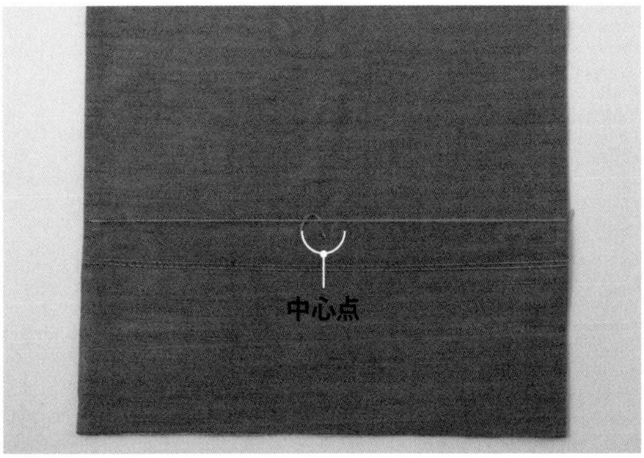

6 基本線の中心に玉どめで中心点の印をつけて、まち針をはずす。

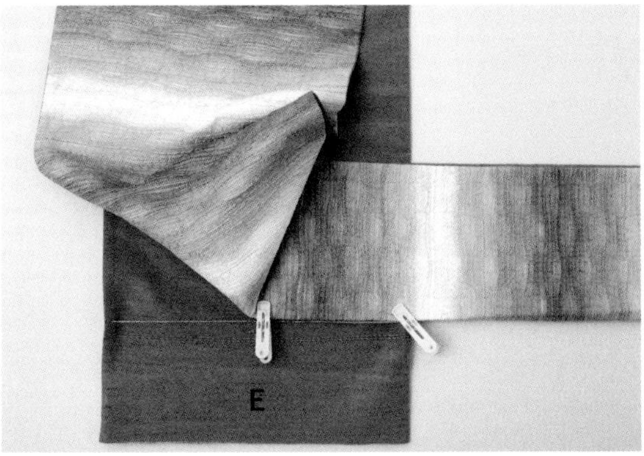

7 胴部分を基本線まで引き下げて中心点にP42展開図のEを重ね、たれと胴部分をピンチで仮どめする。

8 三角部分のたるみを左側に押し込む。

9 たるみが押し込まれたところ。

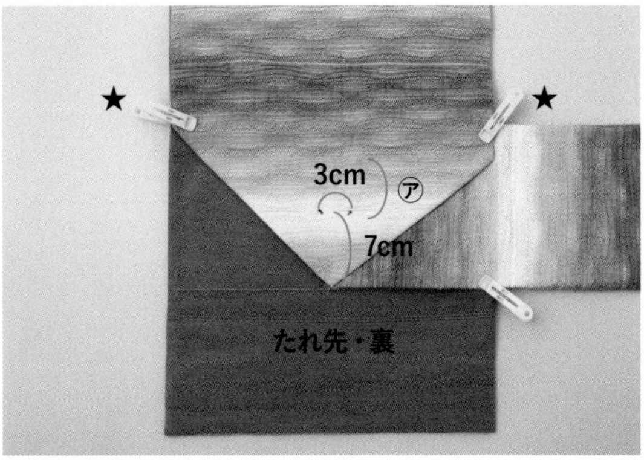

10 ★2カ所をピンチで仮どめする。中心点から7cm上の㋐を3cm幅の縫い目でお太鼓まで縫いとめて、Eをはずす。

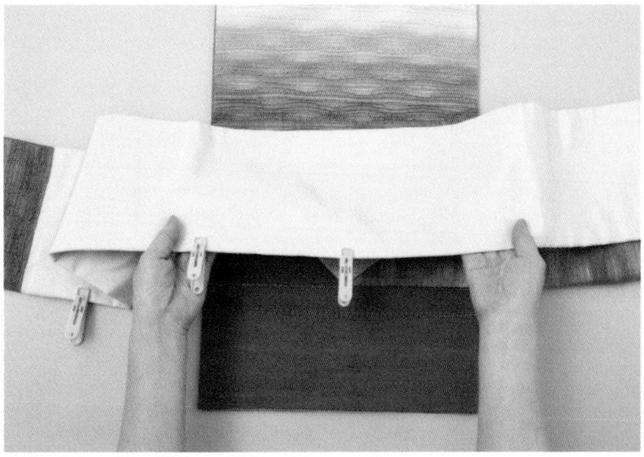

11 胴部分を左側に折り返す。

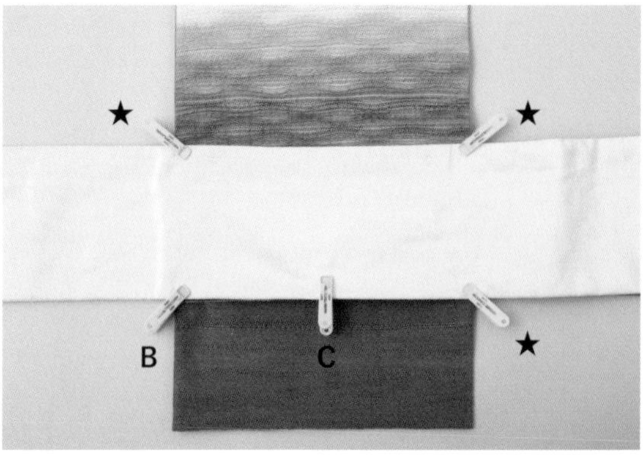

12 中心点にP42展開図のC、帯の左端にBを重ねる。仮どめのピンチを一旦はずし、★3ヵ所で胴部分とお太鼓部分をとめ直す。

Point

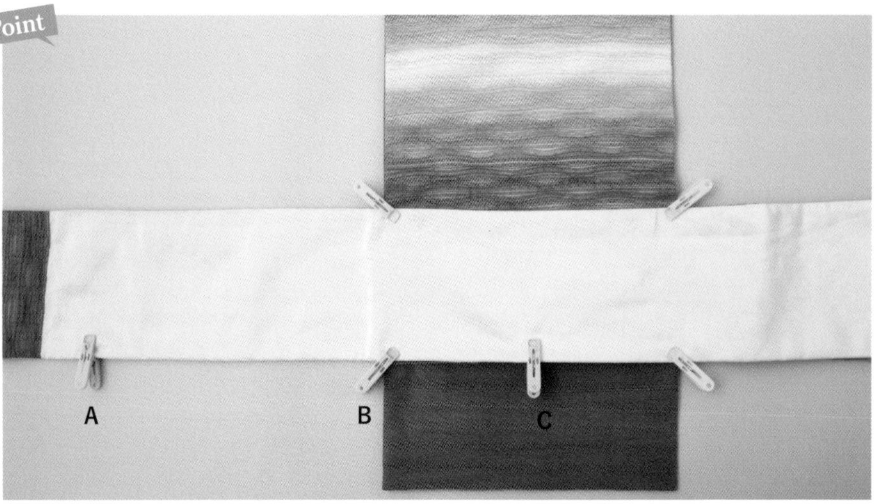

ピンチA、B、Cの位置。

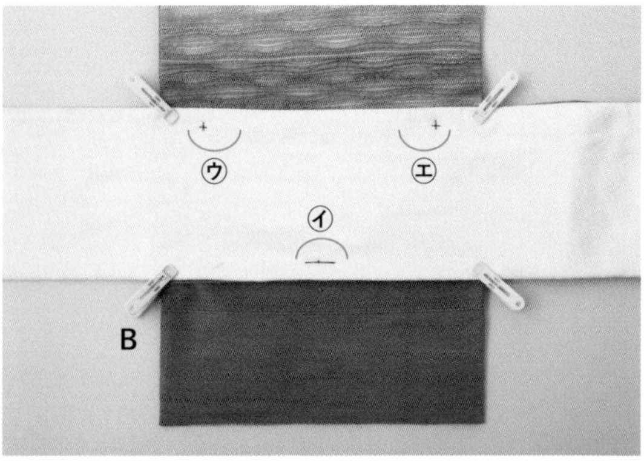

13 P45のイラストを参照して、㋑を飾り十字どめ、㋒と㋓を十字どめで縫いとめる。ピンチCをはずす。

Point

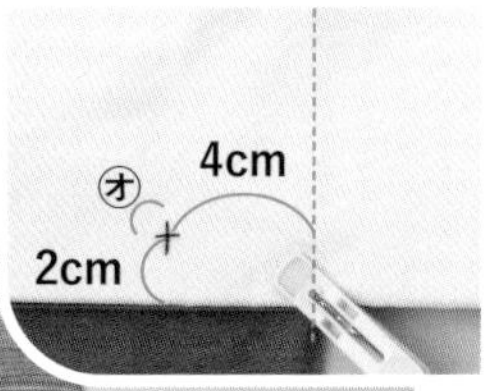

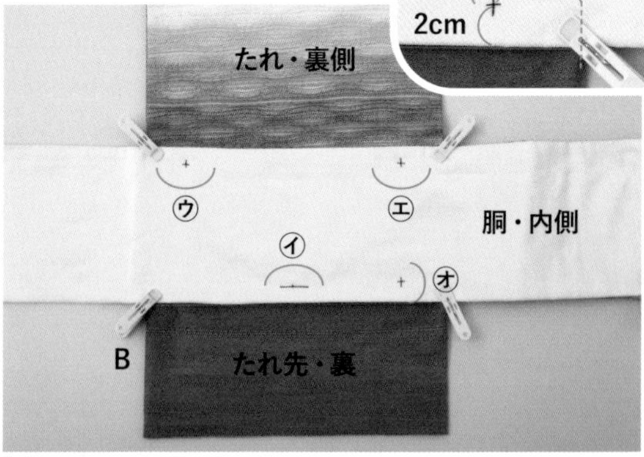

14 ㋔で胴2枚を十字どめで縫いとめる。

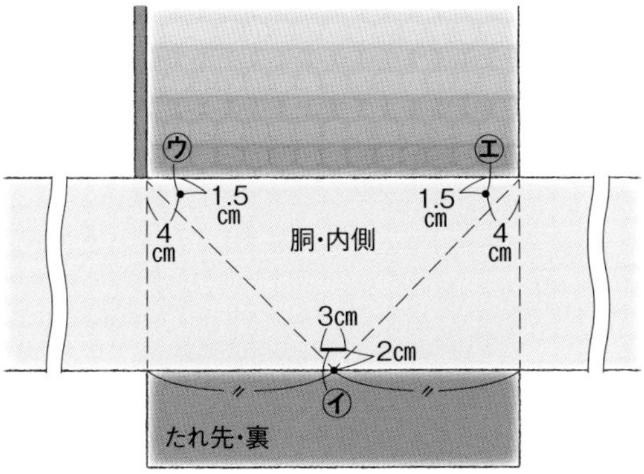

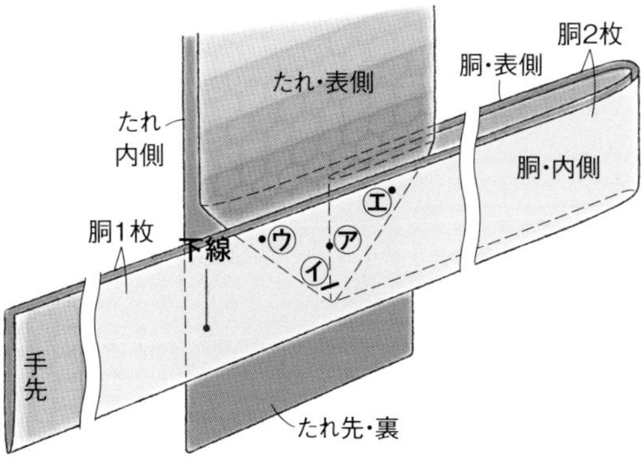

㋑→たれの内側以外を飾り十字どめ。㋒→たれの内側まで十字どめ。㋓→たれの内側まで十字どめ。

▶1本目の装着用のひもをつける

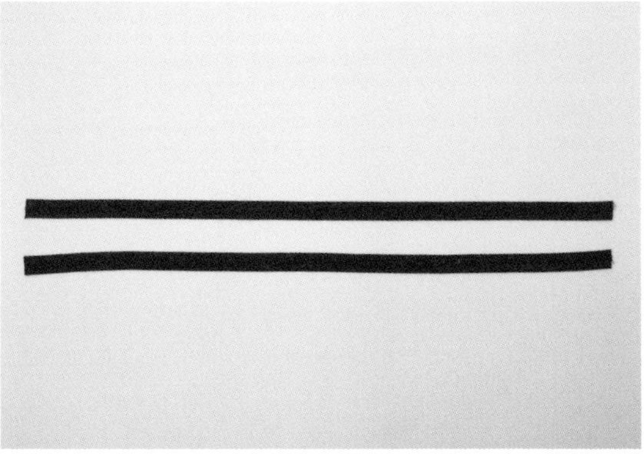

15 装着用のひもを二等分する。

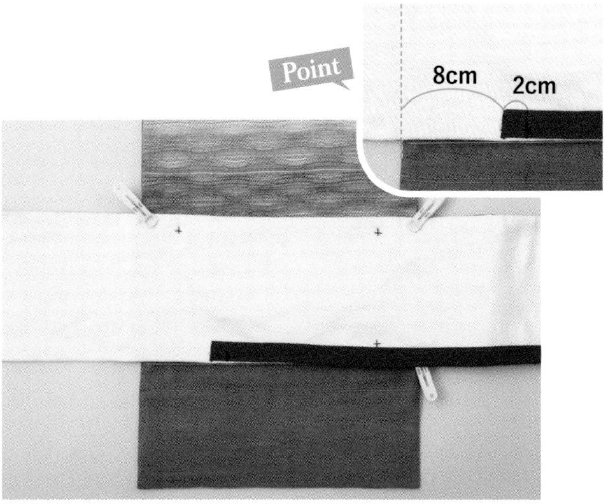

16 ピンチBをはずす。ひもを写真の位置に置き、ひも端から2cmのところでひもと胴を4目ほどで縫いとめる。

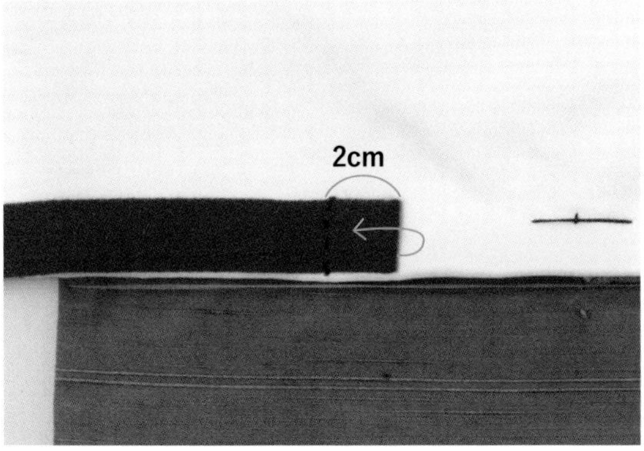

17 ひもを折り返し、折り山から2cmのところでひもと胴を4目ほどで縫いとめる。

▶帯の上線のゆるみを作る

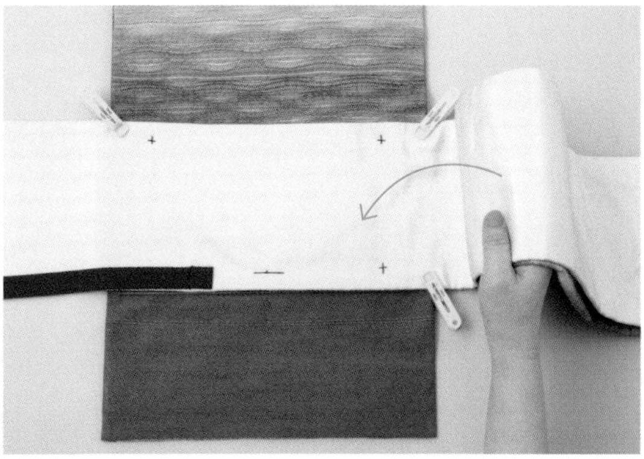

18 胴部分を左側に折り返す。

19 折り山に右手を入れて、左手で胴部分を引っぱる。

20 左側を内側に折り、右手で引っぱりながら外側にゆるみを作ってピンチで仮どめする。

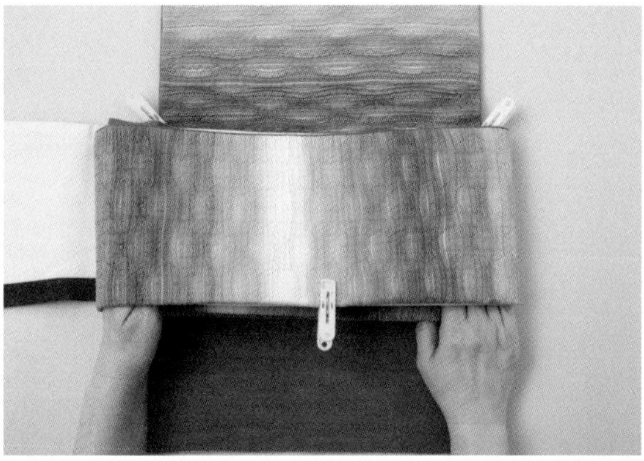

21 左右の折り山に手を入れて、外側のゆるみを均等にする。

▶2本目の装着用のひもをつける

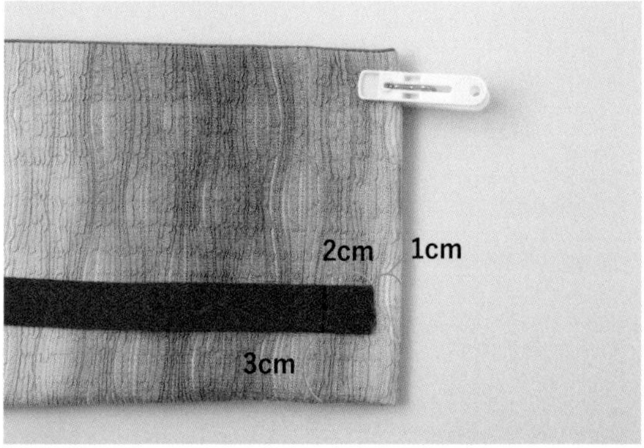

22 折り返した胴部分のゆるみがずれないように上端をピンチで仮どめする。ひもを置き、ひも端から2cmのところでひもと胴の上1枚を4目ほどで縫いとめる。

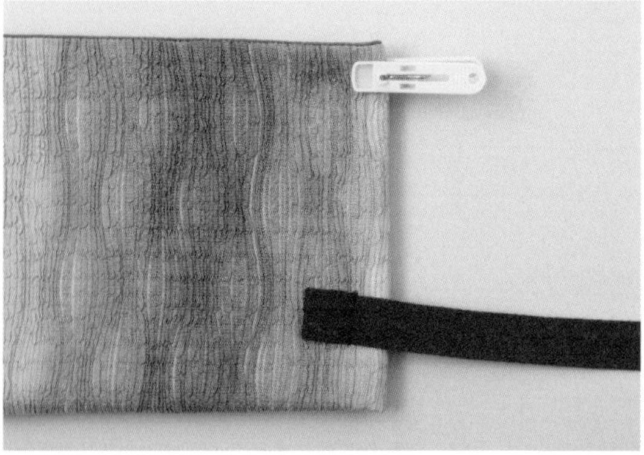

23 ひもを右側に折り返して、折り山から2cmのところでひもと胴2枚を4目ほどで縫いとめる。

24 上端を内側に折り込む。

25 折り込んだ部分をピンチで仮どめする。

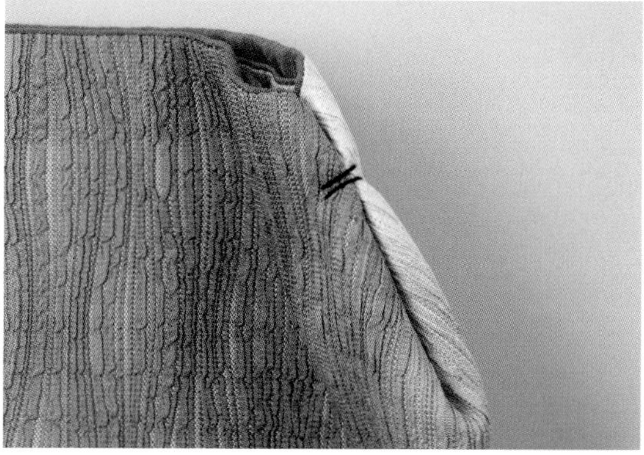

26 内側から針を刺して、2目の巻きかがりで縫いとじる。

27 縫いとじたところ。

28 ひも端を三つ折りぐけする。

▶角出しのふくらみを作る

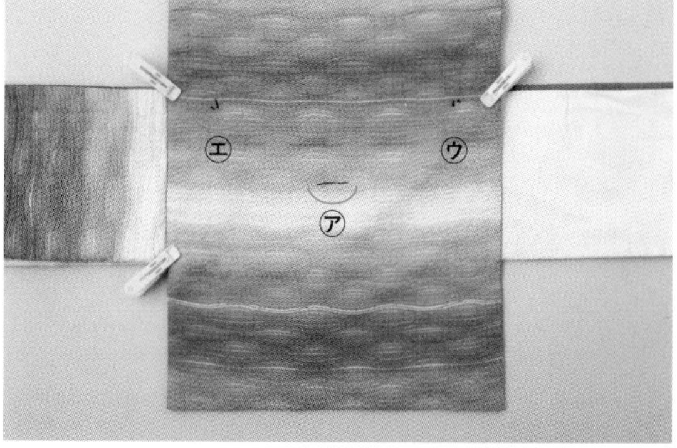

29 帯を表に返す。

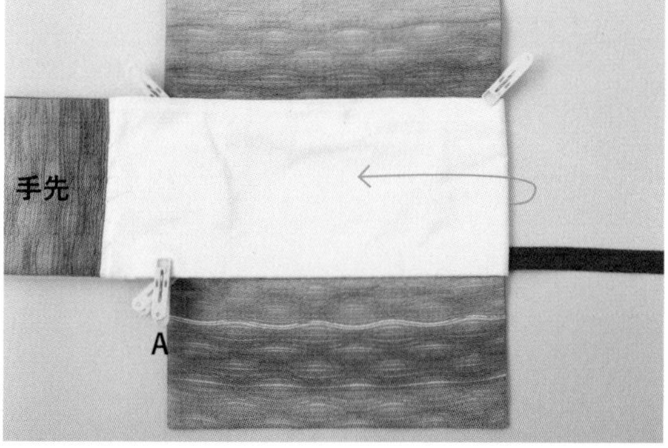

30 手先部分を左側に折り返し、P42展開図のAを帯の左端に重ねる。

31 手先を右側に折り返して、両端を帯幅から均等に出す。この部分が角（つの）になる。

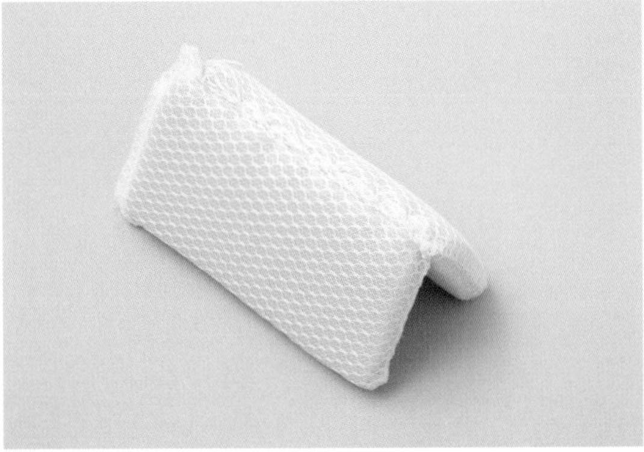

32 スポンジ2コをL字形に組み合わせて長辺を縫いとじ、お太鼓のふくらみ部分を作る。

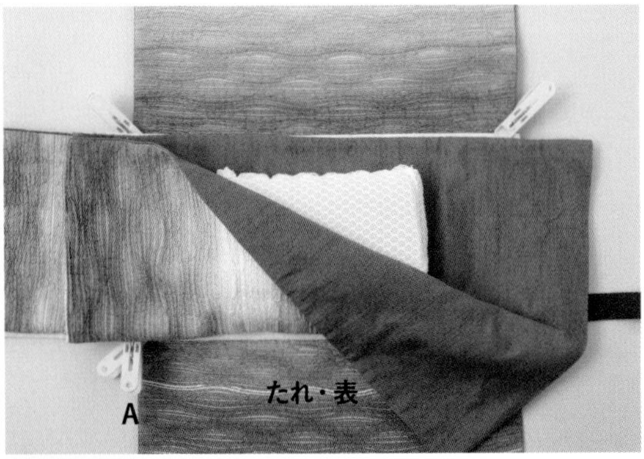

33 手先を開き、㉜で縫いとじた部分を上にしてスポンジを入れる。

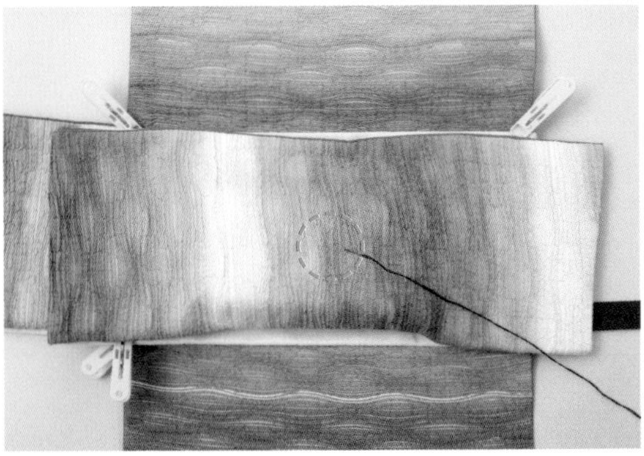

34 開いた手先を元に戻す。胴部分から針を刺してスポンジ1コと胴部分を1目で縫いとめる。

35 縫いとめたところ。

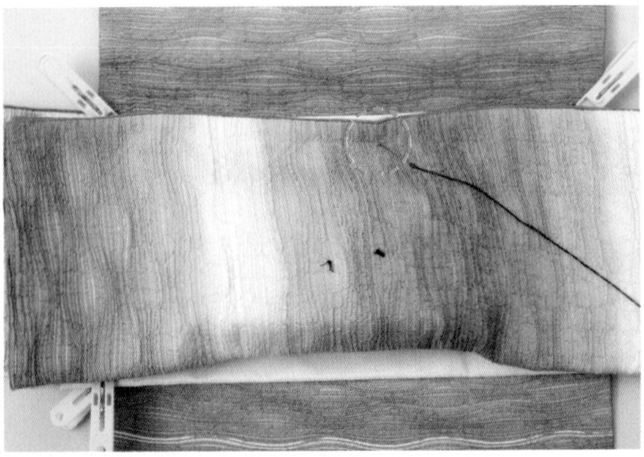

36 手先から針を刺して、たれの表側まで縫いとめる。

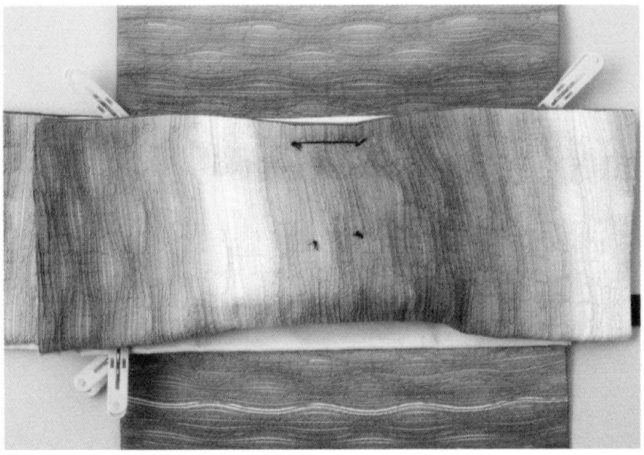

37 5cm幅の縫い目でしっかりと縫いとめる。

38 手先を開き、装着したときにスポンジが見えないように、内側を1目で縫いとじる。

全体の形

39 できあがり!

角出しのたたみ方

胴部分をたれでくるむので帯幅の約半分のサイズになります。持ち運びも便利！

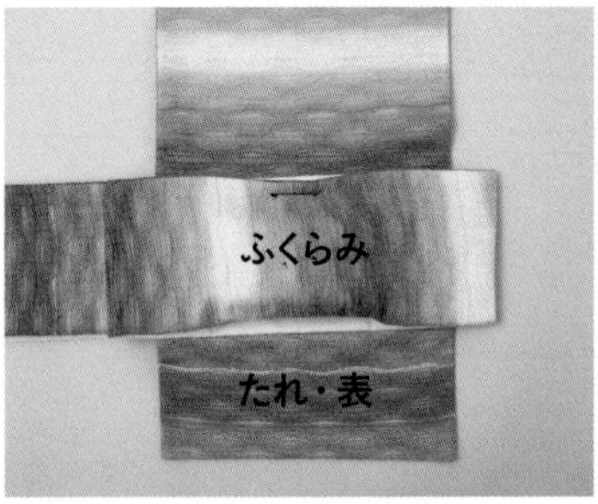

1 表を上にして置く。

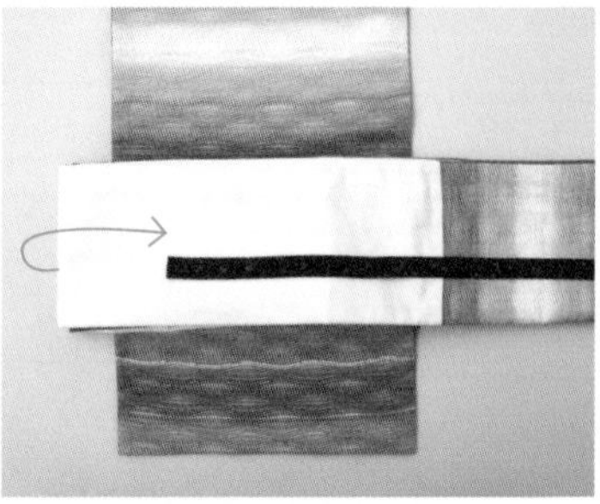

2 胴部分をふくらみの上に折り上げて、ひもをのせる。

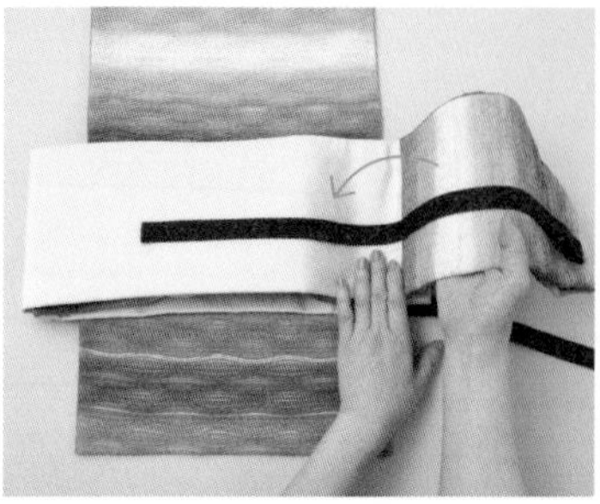

3 胴部分を左側に折り返す。

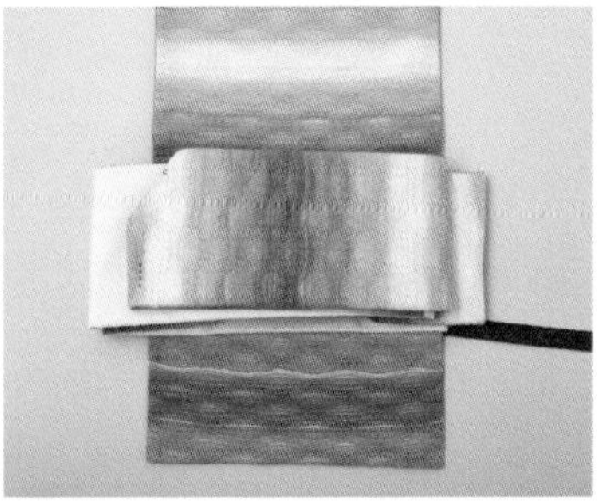

4 ❷〜❸をくり返して、残りの胴部分を折りたたむ。

5 折りたたんだ胴部分の上にたれをかぶせる。

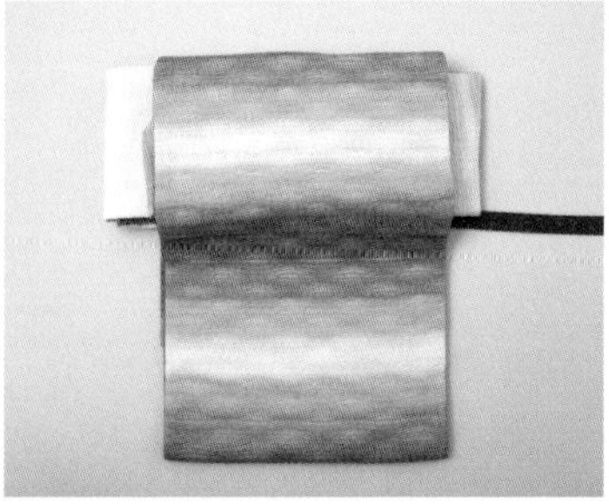

6 たれをかぶせたところ。

7 帯を裏に返し、ひもを胴部分にのせる。

8 たれで胴部分をくるむ。

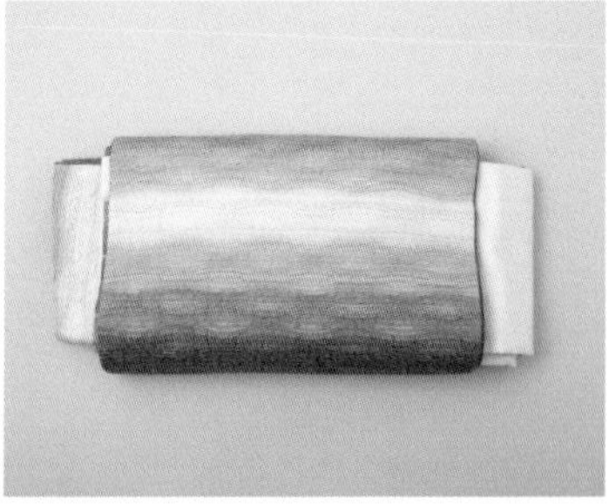

9 できあがり。

慣れたら３分！

角出しの装着

よくわかる
レッスン動画は
ここから

お太鼓の大きさや角度によって帯姿の雰囲気が変わるのが角出しの魅力。
お好みの形に装着できます。

用意するもの
・角出しの作り帯　・薄手のフェイスタオル
・角出し用の帯枕　・帯板　・帯揚げ
・帯締め　・ヘアゴム　・洗濯用ピンチ（仮どめ用）

1 帯枕を帯揚げでくるんで、中心をヘアゴムでとめる。

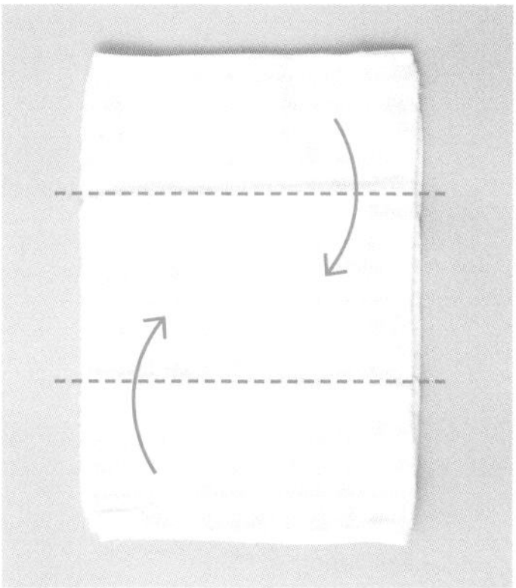

2 フェイスタオルを縦に四つ折りしてから、横に三つ折りにする。

3 帯を裏に置き、たれと胴部分のポケット状のところに❷のタオルを入れる。

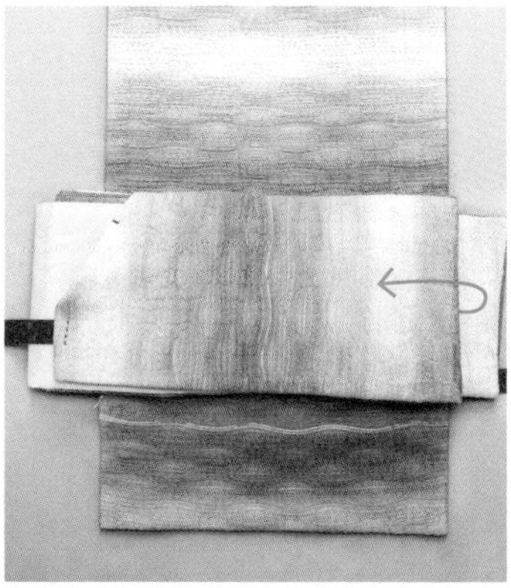

4 帯を表に返し、ふくらみの上に胴部分を折りたたむ。

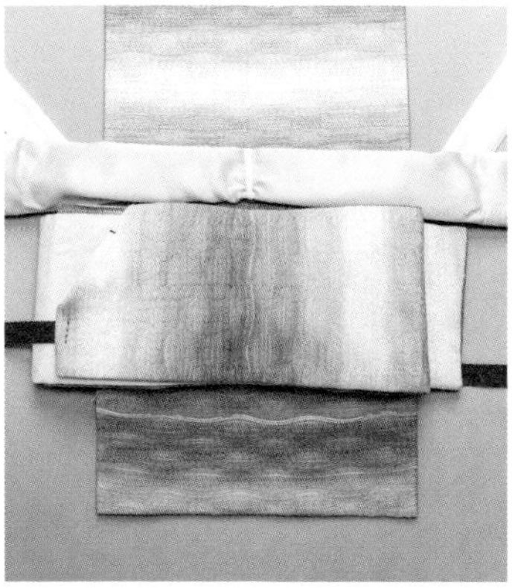

5 胴部分の上に❶の帯枕を置く。

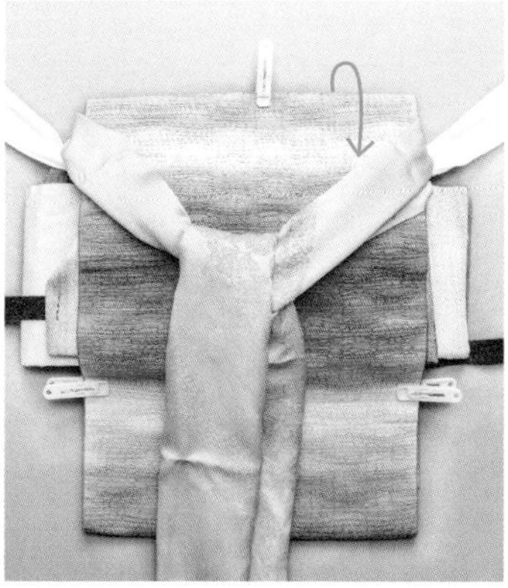

6 たれをかぶせて、帯山、たれとたれ先をピンチで仮どめし、帯揚げを仮結びする。

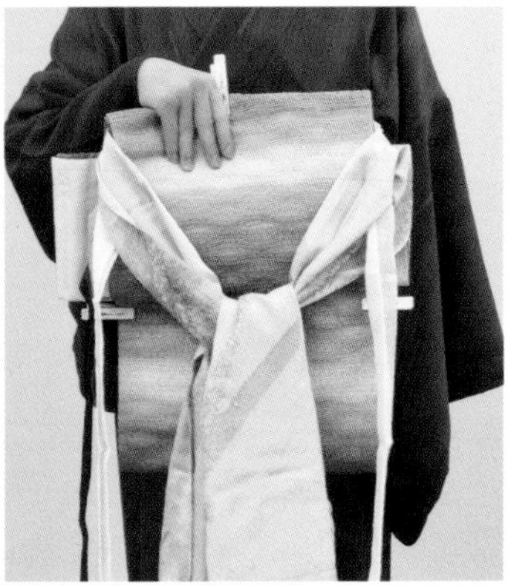

7 帯の表を正面にして帯山を持つ。ゴムベルト付きの帯板を使う場合は装着する。

8 帯を背中に当てて帯の位置を決め、密着させる。

9 帯枕のひもと帯揚げを仮結びし、帯を仮装着する。

10 お太鼓の中から胴部分をゆっくり引き出し、左右の仮どめのピンチをはずして、胴に巻いていく。

11 正面に巻いたら帯板を入れて、背中に巻いていく。

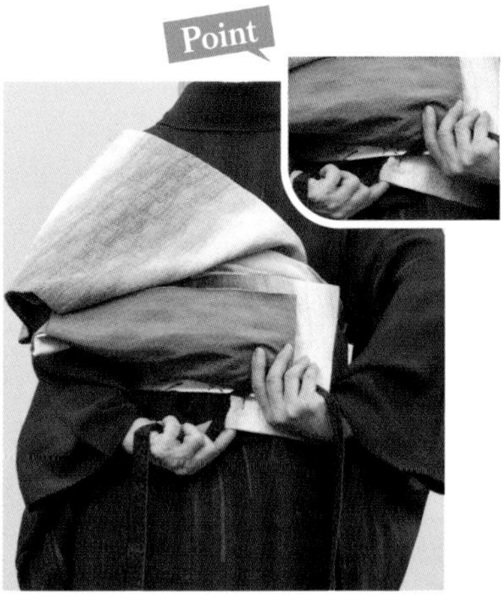

12 胴の端を左手に持ちかえて折り山に指を入れ、右手で手先側を持ち、左右に締める。

13 装着用のひもを正面に回して、帯下でリボン結びする。

14 ひもを結んだまま、⑫と同様に左右に締めて、二度締めする。

15 ひものゆるみ分が出るので、結び直して帯の下に入れる。

※⑫と⑭はわかりやすくするため、撮影用にたれをめくり上げてピンチでとめています。

16 帯枕のひもを結び直し、帯揚げを結ぶ（P41 参照）。帯山の仮どめのピンチをはずす。

17 帯締めをたれの折り山の中に通す。

18 帯締めの左右の長さを均等にする。

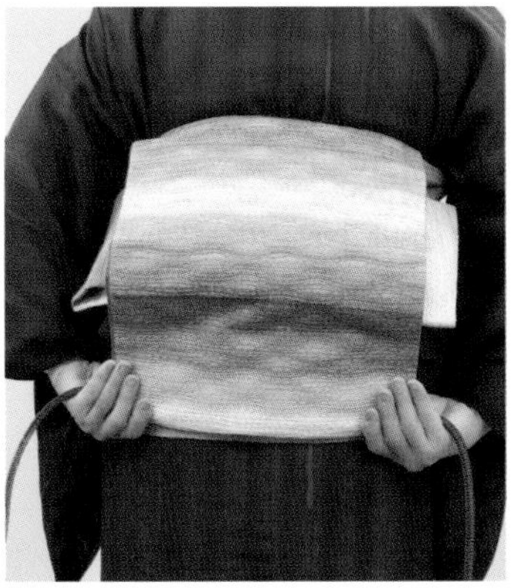

19 帯締めとたれの両端を持つ。

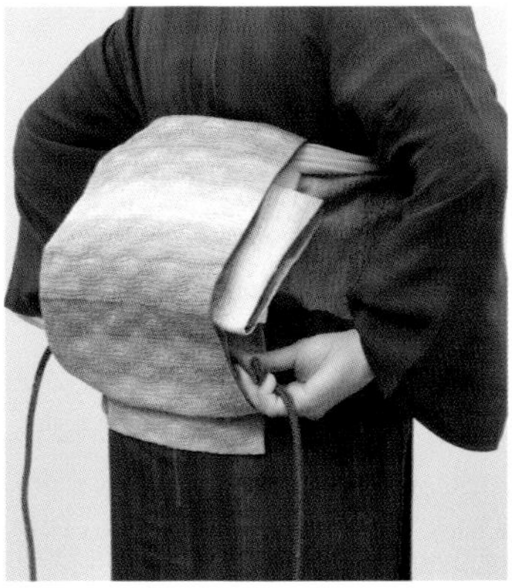

20 たれ先が 13㎝（P42 ❹）になるようにたれを折り上げて、お太鼓を好みの大きさにする。

21 帯締めを引き上げてお太鼓の下部分に角度をつけ、帯締めを正面に回す。

22 帯締めを結ぶ（P40 参照）。

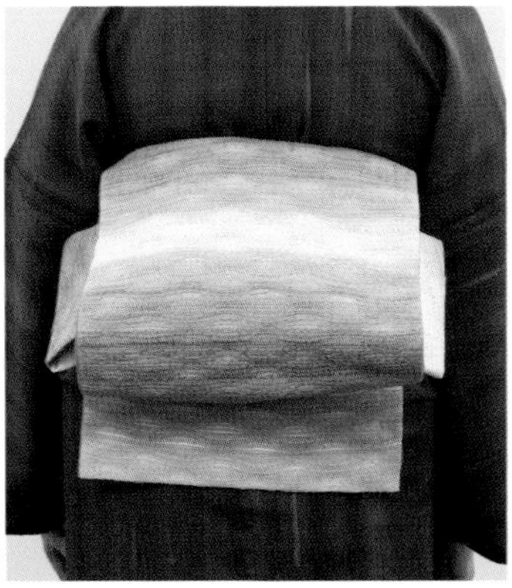

23 できあがり!

和らく会流・オリジナル帯

半幅帯で作る和らく結び

和らく会
オリジナル！

羽根を小さめにすると上品で大人の雰囲気に。
お尻をたれでカバーしたい方はお太鼓部分を長く取りましょう。

よくわかる
レッスン動画は
ここから

P13P54

1 帯幅と作り帯を装着する人の胴回り（帯を締めたときの帯の下線の位置）をはかる。帯の長さとP15を参照にしてお太鼓の大きさを決める（本書は30cm）。

※計測位置をわかりやすくするため、撮影用に帯板をつけています。

用意するもの
- 半幅帯（長さ：約3～4m）
- 装着用のひも各1本
  ひも1（2cm幅／長さ：胴回り＋30cm）
  ひも2（2cm幅／長さ：胴回り＋80cm）
- ヘアゴム2本
- 洗濯用ピンチ3～5コ

▶羽根のベースを作る

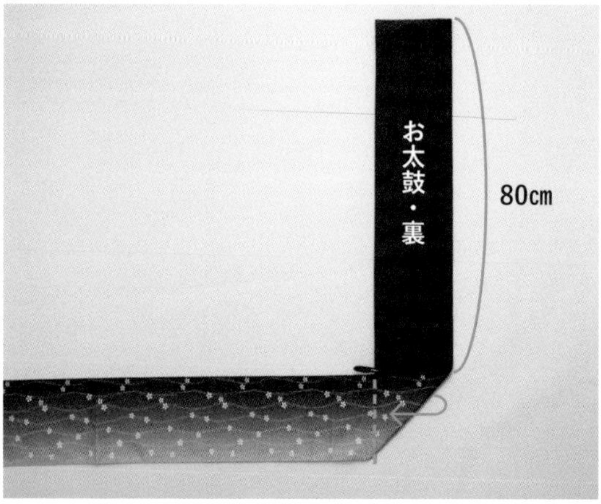

2 お太鼓の長さを決めて（本書は80cm）、帯の左側に45度の角度で折り、ピンチで仮どめする。

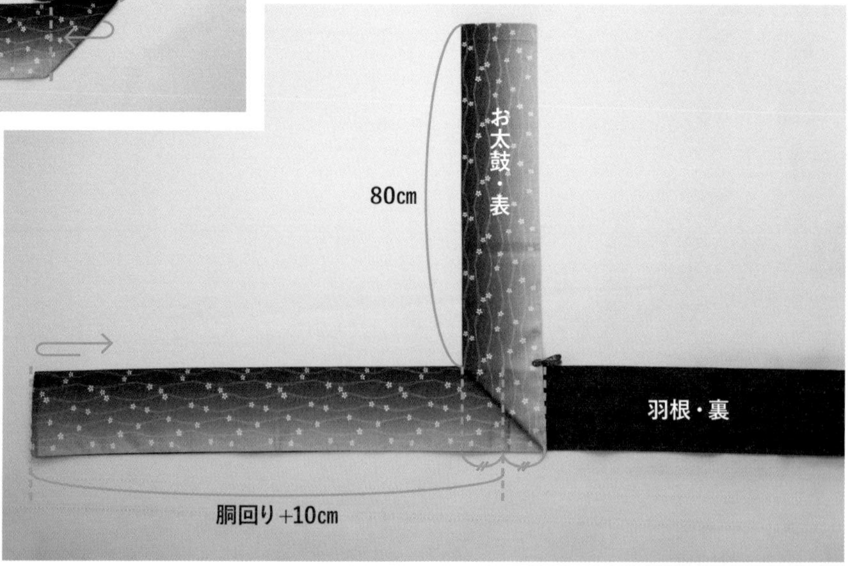

3 ❷のお太鼓を左側に折り、表にする。帯を胴回り+10cmの位置で外表に右側に折り返す。折り返した部分が羽根になる。

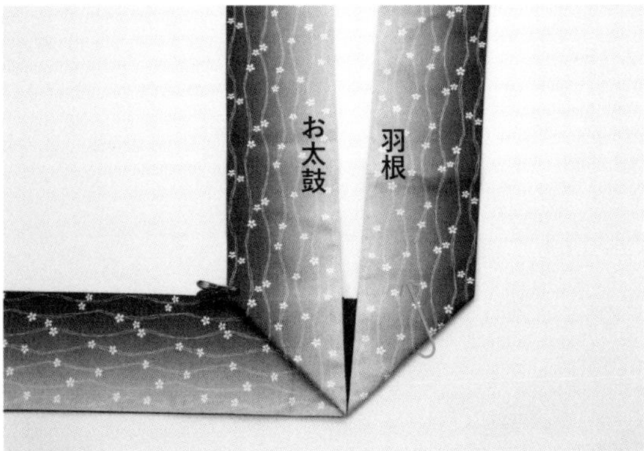

4 ピンチの位置を変えて、羽根を45度の角度で折る。

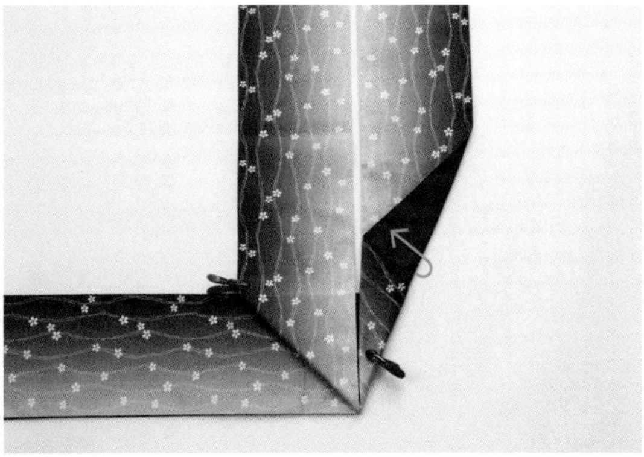

5 羽根を斜め上に折り、ピンチで仮どめする。

▶装着用のひも1aをつける

6 装着用のひもをaとbに二等分する。

7 お太鼓の下の胴部分をめくり、ひもaを置く。

8 胴部分を元に戻してひもaと胴を帯のきわで縫いとめてから、㋐、㋑、㋒を縫いとじる。

▶羽根を作る

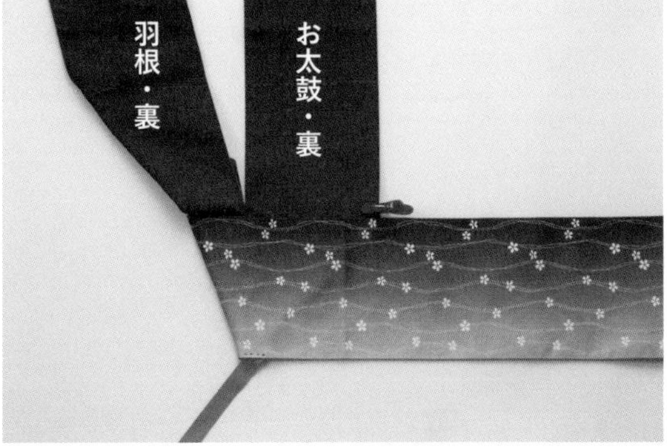

9 帯を表に返す。

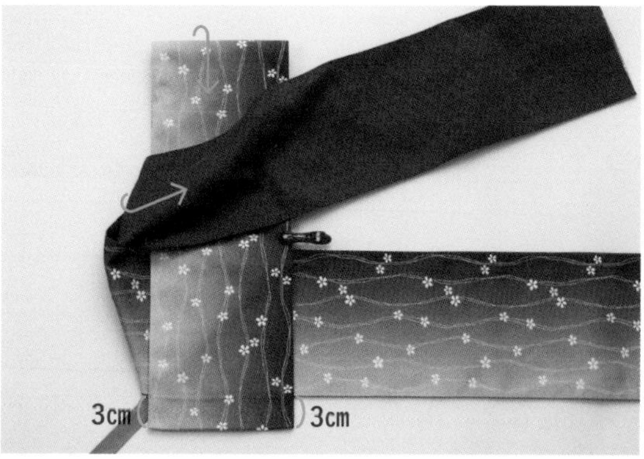

10 お太鼓を胴部分から3cm出るように折り、ピンチで仮どめする。羽根を反対側にねじって重ねる。

11 お太鼓の幅の中心のところで羽根にタックを寄せて、ヘアゴムで結ぶ。

12 残りの羽根を⓫の上に折り上げて、羽根が左右対称になるようにタックを寄せて、ヘアゴムで結ぶ。

▶装着用のひも2をつける

13 ⓫と⓬の羽根を重ね、お太鼓と胴部分をピンチで仮どめする。ひも2を二つ折りして羽根の中心に置く。

14 ひもをタックの下にくぐらせ、ひものわに通す。

15 ひもを左右に広げて締める。

16 ㋐〜㋓でそれぞれひもとお太鼓、胴部分を縫いとめる。㋒と㋓は十字どめで縫いとめる。

▶装着用のひも1bをつける

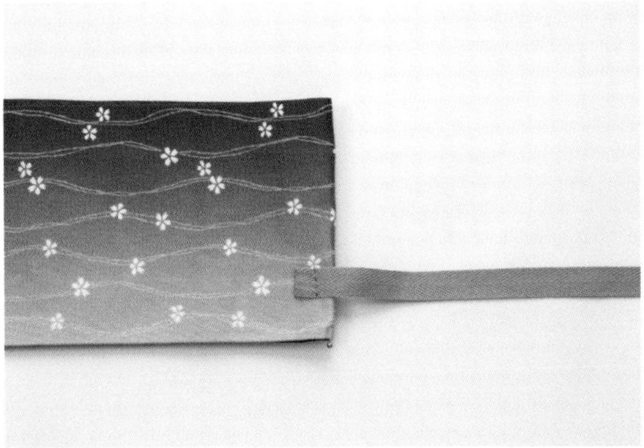

17 胴部分の P24 ㊲、㊳〜 P25 ㊷と同様にひもbをつける。

全体の形

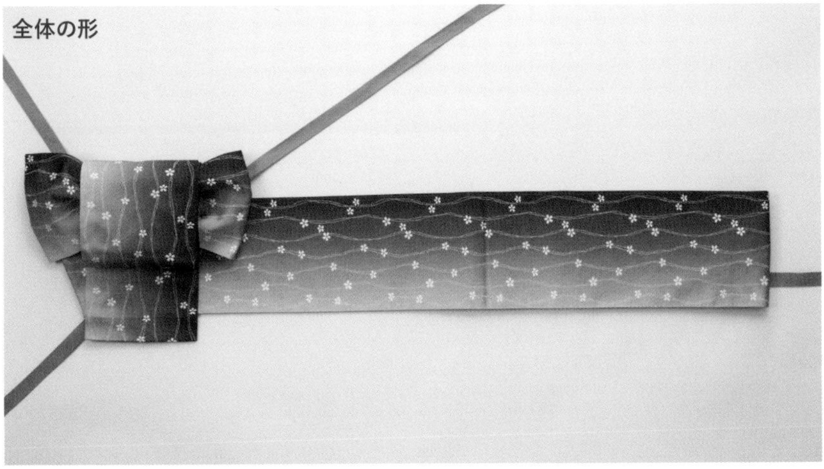

18 できあがり!

和らく結びのたたみ方

1 帯を裏返し、胴部分を折りたたむ。ひもをのせてたたむ。

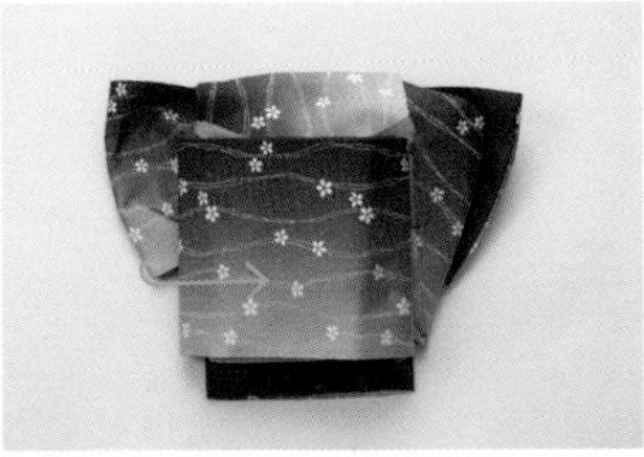

2 たたんだ胴部分をひもにかぶせる。

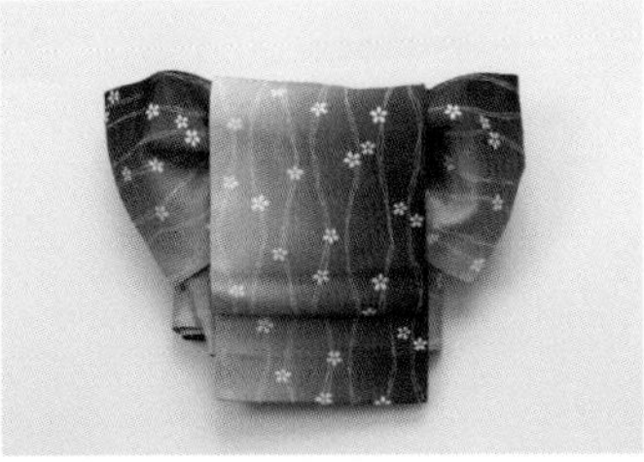

3 できあがり。表に返した状態。

慣れたら3分！

和らく結びの装着

よくわかる
レッスン動画は
ここから

帯締めと帯揚げを使った装着はカジュアルな着物にも浴衣にも合います。
帯枕はハンドタオルを巻いたもので代用します。

用意するもの　・和らく結びの作り帯　・帯枕用の薄手のハンドタオル
・帯板　・帯揚げ　・帯締め　・ヘアゴム

1 タオルを半分に折って筒状に巻いて縫いとじる。ヘアゴムで巻きとめてもOK。

2 ❶を帯揚げで巻き、中心をヘアゴムでとめる。

3 お太鼓をめくって羽根の下に❷を入れる。羽根と❷をヘアゴムでとめる。

4 お太鼓を折り返す。

5 帯揚げを仮結びし、帯の表を正面にして帯山を持つ。ゴムベルト付きの帯板を使う場合は装着する。

6 帯を背中に当てて帯の位置を決め、密着させる。

7 帯揚げを仮結びし、帯を仮装着する。

8 胴部分をゆっくり胴に巻いていく。

9 正面に巻いたら帯板を入れて、背中に巻いていく。

Point

10 胴の端を右手に持ちかえて折り山に指を入れ、左手でもう一方の端を持ち、左右に締める。

11 装着用のひもを正面に回して、帯下でリボン結びする。

12 ひもを結んだまま、⑩と同様に左右に締めて、二度締めする。

13 ひものゆるみ分が出るので、結び直して帯の下に入れる。

14 帯揚げと帯締めを結ぶ。

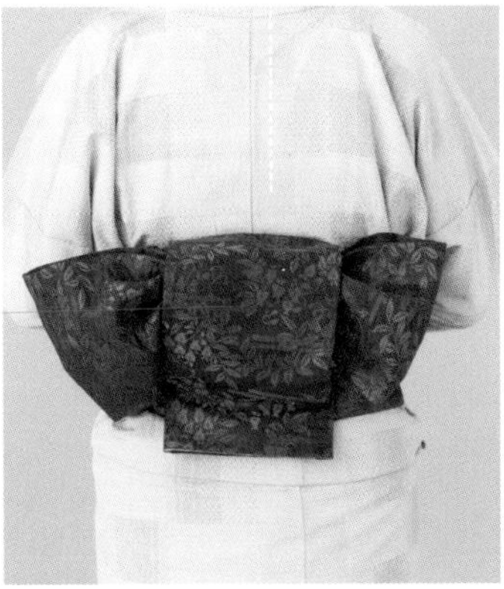

15 できあがり!

※撮影の都合上、⑩と⑫はお太鼓をピンチで止めています。

和らく会流・作り帯を楽しむ

一重お太鼓で作る着せ替え帯

派手になった帯や着古した帯はお気に入りの布でお着がえ！
季節の柄や趣味のモチーフ柄、etc.　楽しいお太鼓をどんどん作ってください！

用意するもの　・一重太鼓の作り帯
・布（200㎝×110㎝幅目安）

1 布をお太鼓用、胴用、手先用に裁断する。

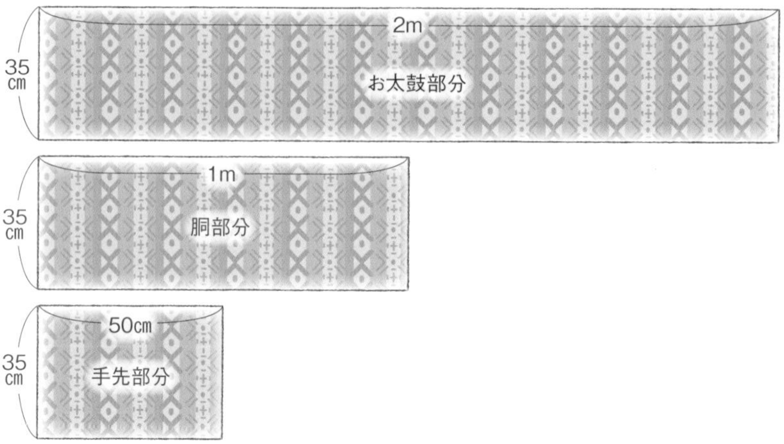

2 ❶をそれぞれ中表に二つ折りにして、写真の通りに縫う。

▶お太鼓用

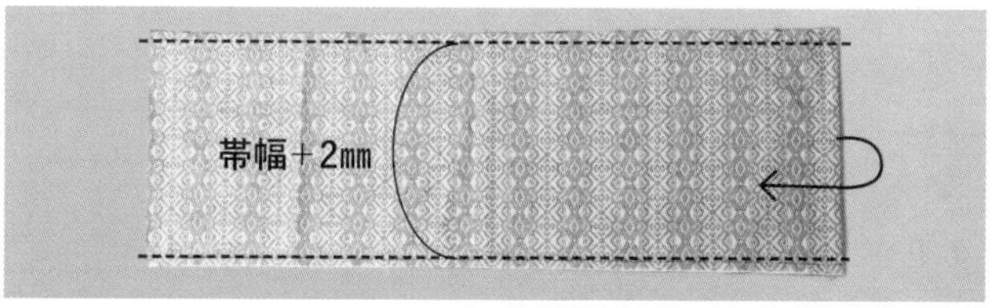

横に二つ折りにして上辺と下辺を縫う。

▶胴用

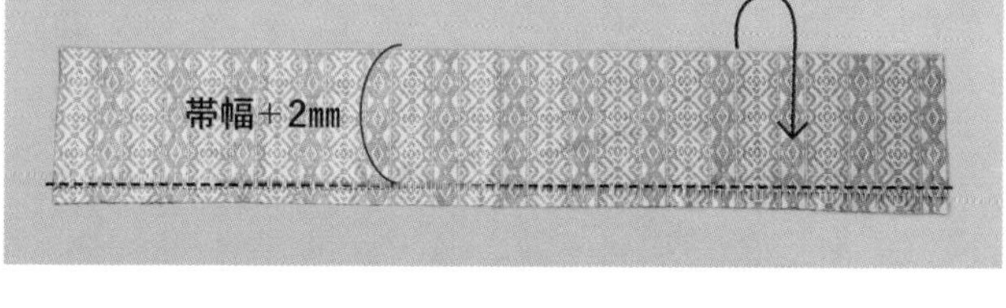

縦に二つ折りにして下辺（点線部分）を縫う。

▶手先用

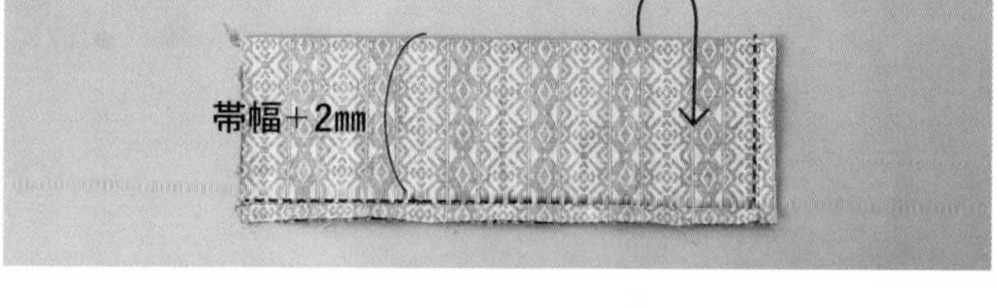

縦に二つ折りにして下辺と右端をぬう。

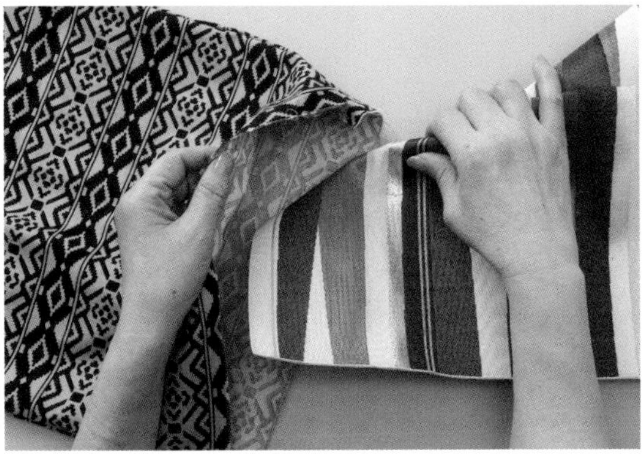

3 お太鼓用を表に返し、お太鼓部分にかぶせる。

4 胴用を表に返し、胴部分にかぶせる。

5 手先用を表に返し、手先部分にかぶせる。

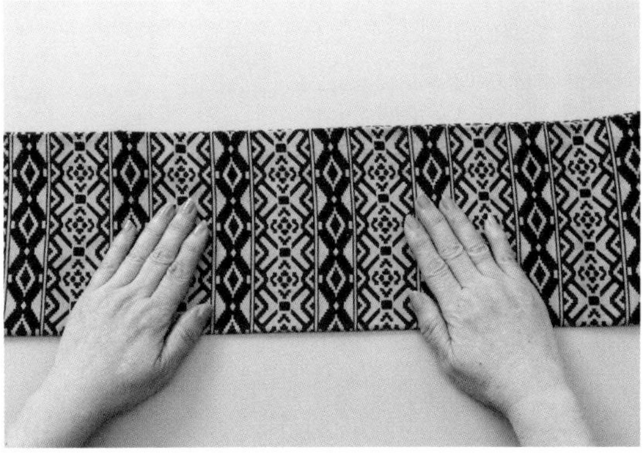

6 両手で布のよれやしわを伸ばす。

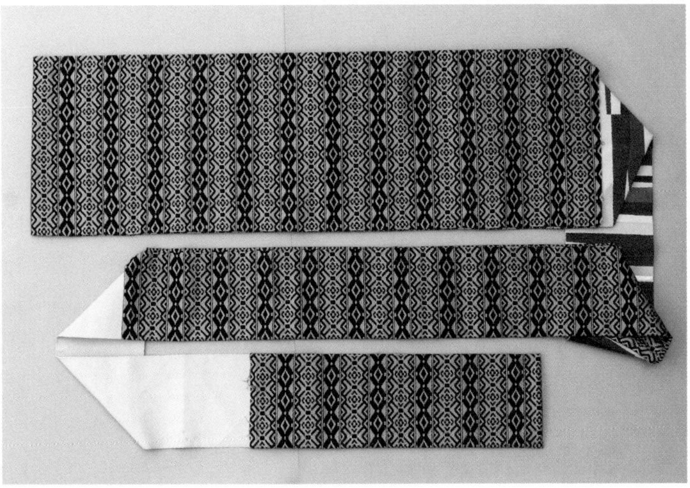

7 着せ替え用の布をかぶせた状態で、P18 ～ P25と同様に一重太鼓の作り帯を作る。

できあがり！

着せ替え帯
いろいろ

コットン生地で
ポップに

クリスマス仕様は
トナカイ柄の服地で

和らく会流・作り帯を楽しむ

アクリル毛糸で作る丸ぐけ

締め心地のいい丸ぐけが簡単に作れます。手作りだから長さも自由自在。
柄や色、長さのバリエーションが楽しめます！

用意するもの
・布（6㎝幅×150㎝ほど）
・並太のアクリル毛糸（310㎝ほど）7～8本
・ゴム通し

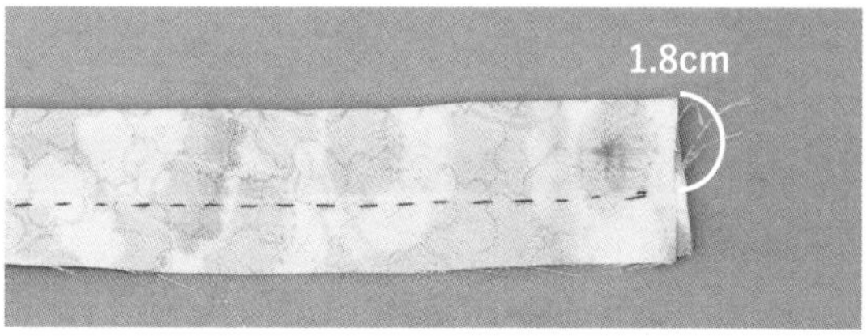

1 布を中表に二つ折りにして、わから1.8㎝のところを端から端まで縫う。

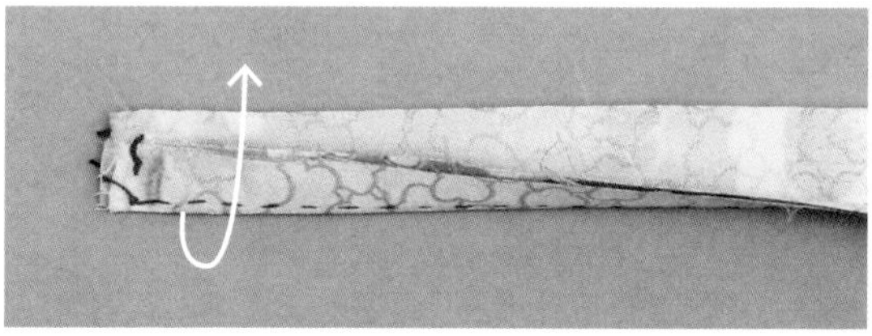

2 片端を二つ折りにして縫いとめて、筒状にする。

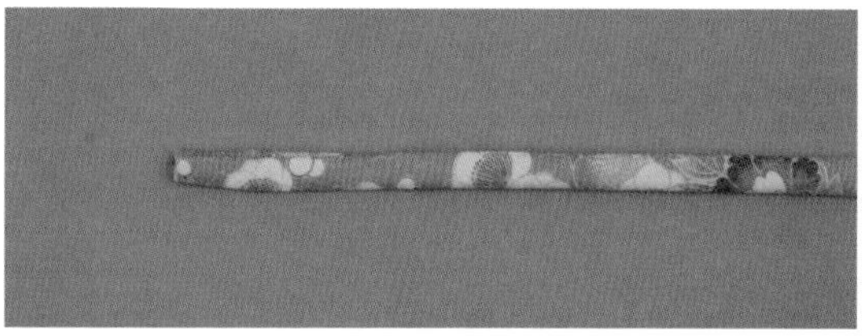

3 表に返す

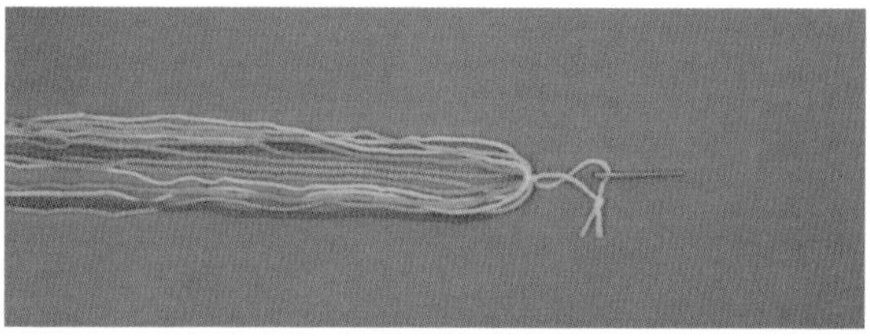

4 毛糸を束ねて中心を余り糸で結び、ゴム通しの穴に通す。

5 ❸の中に❹を通していく。

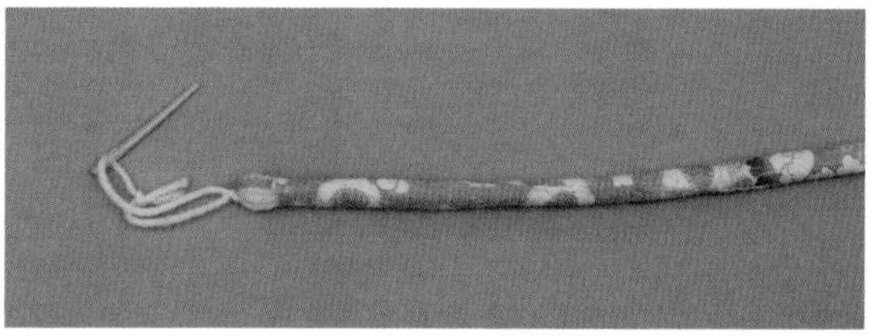

6 端まで通し終わったところ。

7 端口を縫いとめ、端から2㎝のところを縫い縮める。

できあがり！

本書で初公開！ 男性用作り帯『WARAKU男帯』の作り方

特別動画

お待たせしました！
お問い合わせが多かったWARAKU男帯の作り方を、
よくわかる動画にして大公開します。
男性の帯結びの中でも人気が高い貝ノ口を、小粋にアレンジ。
装着動画も作りましたので、着物初心者の男性でも
一人で簡単に装着できます。
息子さんやご主人の浴衣デビューに、ぜひ！

よくわかる
レッスン動画は
ここから

P63

WARAKU男帯

貝ノ口にはない“耳”を胴部分にはさむことで、結び目の位置をしっかりキープ。結び目は背中心から少しずらすのが、和らく会流の粋です。

1人で浴衣が着られた！

ちらりと覗く耳先が
アクセント

うちわもしっかり
差し込める！

装着のしかたは
ここから

P63

関西本部

撮影：水野真澄

東京支部

撮影：まえだかずき

【Staff】

撮影　前田一樹（P60～63スチール、動画）
　　　松本英明、本間伸彦
動画編集　アトリエカツキ　香月正夫
ヘアメイク　千葉結香子（動画）
ブックデザイン　釜内由紀恵、五十嵐奈央子、清水桂（GRiD）
作り方イラスト　大楽里美(day studio)
校正　ディクション株式会社
企画・編集　桜井美貴子（株式会社エイブル）

【衣装協力】

おめしや（P63）

【special thanks】

片山祥
森口七夕華
神仙閣

＊本書は和らく会著の小社既刊4点「切らずにできる着物の作り帯」（2016年刊）、「飾り結びもできるおしゃれな作り帯」（2017年刊）、「作り帯でらくらく！おとなの着物お楽しみ帖」（2019年刊）、「帯を切らずにつくれるかんたん作り帯」（2021年刊）に、新撮した写真と動画を加えて、全体を再編集したものです。

和らく会

2009年、「帯を作り帯にして着物を気軽に着てもらいたい」という思いを持つ仲間たちが集まり、大阪に設立。研鑽を重ねて、〈帯を切らずにより簡単に作ることができ、装着しやすい。手結びと変わらない美しさを持ち、着崩れしない〉という和らく会流の作り帯を完成させる。基本のお太鼓結びや角出しのほか、和らく会オリジナルの飾り結びや男性用の作り帯も人気が高い。主催講座のほか、カルチャースクールにも多数の講座を持ち、受講生はのべ1.3万人を超える（2023年2月現在）。

和らく会HP
（講座情報、講師養成コース、仕立て案内、ブログなど）
https://www.warakukai2019.com

YouTube『作り帯の和らく会チャンネル』

本書の内容に関するお問い合わせは、お手紙かメール（jitsuyou@kawade.co.jp）にて承ります。恐縮ですが、お電話でのお問い合わせはご遠慮くださいますようお願いいたします。

動画つきでいちばんよくわかる
切らずにできる作り帯教室

2023年5月20日　初版印刷
2023年5月30日　初版発行

著　者　和らく会
発行者　小野寺優
発行所　株式会社河出書房新社
〒151-0051
東京都渋谷区千駄ヶ谷2-32-2
電話　03-3404-1201（営業）
　　　03-3404-8611（編集）
https://www.kawade.co.jp/
印刷・製本　凸版印刷株式会社

Printed in Japan
ISBN978-4-309-29291-5